Administrative Regelungen und Unternehmensgründungen

Gregor Brüggelambert
Barbara Jennes

Administrative Regelungen und Unternehmensgründungen

Identifikation und Evaluation der Auswirkungen behördlicher Regelungsbereiche auf das Gründungsgeschehen in Deutschland

PETER LANG
Frankfurt am Main · Berlin · Bern · Bruxelles · New York · Oxford · Wien

Bibliografische Information Der Deutschen Bibliothek
Die Deutsche Bibliothek verzeichnet diese Publikation in der Deutschen Nationalbibliografie; detaillierte bibliografische Daten sind im Internet über <http://dnb.ddb.de> abrufbar.

ISBN 3-631-51354-2

www.peterlang.de

FÜR

Hendrik und Fabian

VORWORT

Existenzgründungen spielen eine zentrale Rolle im Entwicklungsprozess einer Gesellschaft. Dieses gilt sowohl hinsichtlich ihrer Funktion bei der Erneuerung der existierenden unternehmerischen Struktur als auch bezüglich ihres besonderen Beitrags beim Vollzug notwendiger struktureller Veränderungen. Bei der Bewältigung eines solchen Prozesses, in dem bewährte Strukturen erhalten und zukunftsträchtige Strukturen geschaffen werden, bedarf es eines Zusammenwirkens formeller und informeller Institutionen, die zusammen jenes Gebilde definieren, das landläufig auch als „Kultur der Selbständigkeit" zusammengefasst wird.[1] Eine solche Kultur der Selbständigkeit muss sich zwangsläufig auch auf den gesamten Bereich behördlicher Regelungen erstrecken, möchte sich der Gesetzgeber nicht dem Vorwurf aussetzen, lediglich einseitige Forderungen an Wirtschaft und Gesellschaft zu stellen.

Nun zählt der Ruf nach Deregulierung und dem Abbau administrativer Hemmnisse bereits seit längerer Zeit zum Maßnahmenkatalog derjenigen wirtschaftpolitischen Kräfte, denen das Ausmaß des Staatseingriffs in Deutschland als zu weitgehend erscheint. Anliegen der von dieser Gruppe angeregten und teilweise bereits realisierten Maßnahmen ist es, den Regulierungsaufwand durch staatliche und halbstaatliche Einrichtungen zu dämpfen und Maßnahmen durchzuführen, die den Behördenapparat flexibler und kundenfreundlicher gestalten. Allein das Beispiel der Steuergesetzgebung hinterlässt aber schon den Verdacht, dass nicht jede Initiative ihr Ziel auch wirklich erreicht. Mitunter scheint nach erfolgten Deregulierungbemühungen das Dickicht der Regelungen nur noch dichter geworden zu sein.

Vor diesem Hintergrund ist es naheliegend zu überprüfen, ob der Bereich Unternehmensgründungen nicht von ähnlichen Problemen betroffen ist. Jüngere Untersuchungen zu dieser Problematik attestieren weitgehend, dass die Einwirkungen der Bürokratie auf den Gründungsprozess ein wesentliches Problem darstellen können.[2] So auch die Studie von Skambracks, in der im Rahmen der schrift-

---

[1] Vgl. zum Begriff der Kultur der Selbständigkeit z.B. Lageman, Frick & Welter (1999); siehe North (1992) und Richter & Furubotn (1999) zur Bedeutung des institutionellen Arrangements einer Gesellschaft hinsichtlich ihrer ökonomischen Leistungsfähigkeit.

[2] Exemplarisch sei an dieser Stelle auf die Untersuchungen von Clemens & Kokalj (1995), Möhlig et al. (1998), Skambracks (1999) und Brüggelambert (2000) hingewiesen. Die Studie von Maisberger (1998) beschäftigt sich nicht explizit mit behördlichen Problemen im hier untersuchten Sinne. Die dort festgehaltenen Ergebnisse zeigen jedoch ebenfalls einen nicht unerheblichen negativen Einfluss der Bürokratie auf den Gründungsprozess, wenngleich diese

lichen Befragung des DtA-Gründerpanels die Folgen administrativer Regelungen für junge Unternehmen untersucht wurden.[3] Die vorliegende Arbeit baut auf der Untersuchung von Skambracks auf. Während die Studie von Skambracks in einem ersten Schritt vor allem die Frage untersuchen sollte, ob bürokratische Regelungen für Unternehmensgründungen überhaupt eine ernsthafte Belastung darstellen – was dort klar bejaht wurde – geht diese Studie in erster Linie der Frage nach, um welche Art von Regelungen es sich dabei konkret handelt. Dazu wurden die bereits von Skambracks befragten Gründer und Gründerinnen einer detaillierten telefonischen Befragung unterzogen und zudem besonders Betroffene im Rahmen eines telefonischen Leitfaden-Interviews zu weiteren Einzelheiten befragt.

Bei der Realisation dieses von der Deutschen Ausgleichsbank geförderten und an der Universität Essen durchgeführten Projektes wurden wir in vorzüglicher Weise von Nicole Jahnke, Michael Mellin, Manfred Weidkamp und Sascha Wulf unterstützt. Gertrude Feldhaus stand uns mit gewohnter aber stets außergewöhnlicher Kompetenz in allen organisatorischen Fragen zur Seite. Dafür danken wir den genannten Personen sehr. Bei Professor Dr. Kornelius Kraft bedanken wir uns für wertvolle Hinweise und den Freiraum zur Durchführung dieses Projektes an der Professur für Wirtschaftspolitik. Dr. Daniel Skambracks und Dr. Joachim Struck von der Deutschen Ausgleichsbank danken wir für die konstruktive Zusammenarbeit bei der Erstellung dieser Studie.

Essen im Juli 2003

---

dort, wie auch in den meisten anderen Untersuchungen, hinter den Problemen im Finanzierungsbereich zurückfallen. In den Untersuchungen des Institut für Mittelstandsforschung (1997) und der WSF/Econ-Consult (1999, S. 139-147) wird hingegen die Bedeutung administrativer Hemmnisse als eher nebensächlich deklariert, obwohl auch dort 26 % der Befragten allgemein auf Probleme mit der Bürokratie hinwiesen und 14 % angaben, dass sie durch Bürokratie erheblich behindert wurden. Ein Überblick über den Stand der empirischen Gründungsforschung bis zum Jahr 1992 befindet sich in Müller-Böling & Klandt (1992).

[3] Skambracks (1999)

INHALTSVERZEICHNIS

ABBILDUNGSVERZEICHNIS

TABELLENVERZEICHNIS

1. EINFÜHRUNG

1.1. Gegenstand der Analyse

Die vorliegende Studie befasst sich mit den Wirkungen administrativer Regelungen auf das Gründungsgeschehen in Deutschland. Dem Problemfeld nähert sie sich, indem sie zunächst wirtschaftstheoretisch der Frage nachgeht, ob hinsichtlich der Förderung von Existenzgründungen überhaupt von einem wirtschaftspolitischen Handlungsbedarf auszugehen ist. Dieser würde erst dann bestehen, wenn aufgezeigt werden kann, dass die Zahl der Gründungen in einer Gesellschaft nicht optimal ist. Ein solches Optimum ist in der Realität niemals exakt bestimmbar. Dennoch zählt die vorliegende Studie eine Reihe von Gründen auf, die darauf hinweisen, dass gesellschaftlich eine Tendenz zu einem Unterangebot an Unternehmensgründungen besteht.

Im anschließenden empirischen Teil der Arbeit sollen jene behördlichen Bereiche lokalisiert werden, von denen die bedeutsamsten administrativen Belastungen im Gründungsgeschehen ausgehen. Dabei werden *finanzielle*, *zeitliche* und eher *subjektiv empfundene* Restriktionen differenziert erfasst.[4] Zusammen mit der in der Studie gewählten Aufteilung in die vier für das Gründungsgeschehen relevanten administrativen Hauptbereiche[5] *Gewerbeaufsicht*, *Fiskus/Steuern*, *Einstellung von Beschäftigten* und *Marktaufsicht* kann so den politischen Entscheidungsträgern ein verfeinertes Bild administrativer Probleme im Gründungsbereich vorgelegt werden, als das in den bislang existierenden Studien geschieht. Zur weiteren Identifikation von Problembereichen erfolgt innerhalb der vier genannten Hauptbereiche jeweils eine vertiefte Analyse der administrativen Einzelbelastungen. Diese Analysen dienen dem Zweck, weitere Informationen zum Beispiel in Form von „Hitlisten“ administrativer Belastungen oder in der Form gezielter Ursachenanalyse mittels quantitativer Methoden bereitzustellen. Mit Hilfe dieser Informationen lassen sich gezielt jene Bereiche ansprechen, in denen wirtschaftspolitische Maßnahmen die größte Hebelwirkung versprechen.

---

[4] Wenngleich diese Größen miteinander korrelieren, liefert diese Vorgehensweise mehr Informationen als die Konzentration auf einen einzelnen Belastungsindikator.

[5] Eine Aufteilung in die vier genannten Bereiche wurde vorrangig aus Gründen der Praktikabilität vorgenommen. Gespräche mit Gründern und Gründerinnen hatten ergeben, dass diese Bereiche relativ stark voneinander getrennt wahrgenommen werden.

Die vorliegende Arbeit baut auf der Untersuchung der DtA im Jahr 1998[6] auf, in der grundlegend untersucht wurde, ob bürokratische Regelungen für Unternehmensgründungen überhaupt eine ernsthafte Belastung darstellen. Grundlage ist eine detaillierte telefonische Befragung von 316 Gründern und Gründerinnen über deren konkrete Belastung durch administrative Genehmigungsverfahren. Darüber hinaus wurden 66 besonders betroffene Personen per Telefon-Interview zu weiteren Einzelheiten befragt.

Es sei bereits an dieser Stelle darauf hingewiesen, dass administrative Regelungen innerhalb einer gesamtwirtschaftlichen Betrachtung nicht per se als Hemmnisse betrachtet werden dürfen. Eine Vorschrift ist nicht schon alleine dadurch gesellschaftlich unsinnig, dass durch sie Unternehmensgründungen behindert werden. Auf der anderen Seite resultiert für eine Vorschrift jedoch nicht sofort ein Freibrief, wenn es einer Behörde nachzuweisen gelingt, dass aus der entsprechenden Regelung ein gesellschaftlicher Nutzen hervorgeht. Vielmehr sind Kosten und Nutzen einer Handlung abzuwägen und die Lösungen zu wählen, die diesbezüglich die größten Erfolgsaussichten bieten.

Eine exakte Analyse der Kosten und Nutzen des deutschen Regelungsapparates mit Blick auf dessen Relevanz für Unternehmensgründungen kann und will die vorliegende Arbeit allerdings nicht leisten. Vielmehr sollen Ansatzpunkte für eine erste gesamtgesellschaftliche Evaluation erarbeitet werden und mit deren Hilfe eine pragmatische Einschätzung der empirischen Ergebnisse dieser Arbeit erfolgen. Wie sich zeigen wird, lassen sich auf diesem Weg durchaus Erfolg versprechende Empfehlungen herleiten.

1.2. Hinweise zur Methodik

Potentielle und tatsächliche Konflikte zwischen administrativen Einrichtungen und Existenzgründerinnen und Existenzgründern wurden bereits in einer Reihe von Studien untersucht.[7] Viele Fragen sind bislang jedoch noch ungeklärt. So lässt sich beispielsweise nur schwer erfassen, wie hoch der Abschreckungsgrad des administrativen Systems in Deutschland ist, weil hierzu eine Befragung unter sämtlichen Gründungswilligen erfolgen müsste. Dazu zählen auch diejeni-

---

[6] Skambracks (1999), Gründungsbremse Bürokratie, Deutsche Ausgleichsbank (Hrsg.), Wissenschaftliche Reihe, Band 13, Bonn-Bad Godesberg.

[7] Eine erschöpfende Aufzählung soll hier nicht gegeben werden. Neben den bereits genannten sei an dieser Stelle noch auf die Übersicht in Albach (1997) und die Untersuchung von Becker (1982) hingewiesen.

gen, die ihr Gründungsvorhaben zu einem Zeitpunkt aufgaben, zu dem sie noch in keiner Statistik auftauchten.[8]

Doch auch bei der Analyse der Probleme von Gründern und Gründerinnen, die ihr Vorhaben in die Tat umsetzen konnten, bleiben noch viele Fragen offen. Bisherige Untersuchungen versuchten insbesondere herauszufinden, wie stark die allgemeine Belastung mit administrativen Problemen im Gründungsgeschehen ist. Was jedoch weitgehend noch nicht erfolgte ist a) der Versuch einer theoretischen Analyse der Ursachen administrativer Hemmnisse im Gründungsbereich, b) die Auseinandersetzung mit Reformmöglichkeiten, die über den Vorschlag, den Umgang mit dem bestehenden Regelungsapparat zu erleichtern, hinausgehen und c) eine systematische branchenspezifische Lokalisation und Beurteilung der Regelungsbereiche, die im Gründungsgeschehen besonders wirksam werden.

Ein methodisches Defizit der meisten der vorliegenden Studien besteht zudem darin, dass die verwendeten Verfahren häufig nicht geeignet sind, die dort getroffenen Interpretationen statistisch abzusichern. Das soll anhand eines Beispiels erläutert werden: In der Studie von WSF/Econ-Consult wurde festgestellt, dass Gründer mit Bürokratieproblemen im Durchschnitt fast doppelt so häufig auch andere Gründungsschwierigkeiten nannten wie Gründer, die keine Probleme mit der Bürokratie hatten. Das wurde dort als Indiz dafür gewertet, dass es sich vermutlich eher um schlecht vorbereitete Gründer handelte als um eine schlecht vorbereitete Bürokratie.[9] Wenngleich diese Erklärung richtig sein könnte, bestünde aber auch die Möglichkeit, dass ein großer Teil dieser Gründer einfach ein Gründungsvorhaben in einer besonders problematischen Branche, von besonderer Größe oder mit besonders hohem Innovationsgrad durchgeführt hat und daher in allen Bereichen auf besondere Probleme gestoßen ist. Die gleichzeitige Verwendung vieler Variablen in einer multiplen Schätzgleichung, die Branchen-, Größen- oder sonstige Einflüsse kontrolliert, hätte diesbezüglich Aufschluss geben können.

Das geschieht in dieser Untersuchung. Mit Hilfe fortgeschrittener statistischer Methoden werden solche Einflüsse kontrolliert, damit eine genauere Bestimmung erfolgen kann, welche der Faktoren für die Relevanz bzw. den Grad der Behinderungen einzelner Regelungen verantwortlich sind. Um die Arbeit dennoch auch dem interessierten Nicht-Ökonometriker zugänglich zu machen, wurde auf aufwendige methodische Illustrationen verzichtet.

---

[8] In der Studie des Instituts für Mittelstandsforschung (1997, S. 10) wurden zwar potentielle Gründer befragt, weitere Angaben bzw. eine separate Auswertung erfolgen dort aber nicht.

[9] WSF/Econ-Consult (1999, S. 144)

Ein weiterer zentraler Bestandteil der vorliegenden Analyse besteht darin, dass im Rahmen der durchgeführten Telefonbefragung detailliert Relevanz, Kosten und die von den Gründern und Gründerinnen empfundene Intensität einzelner Regelungsbereiche ermittelt wurden. Ziel ist es, darüber Auskunft erteilen zu können, aus welchen Regelungsbereichen besondere Belastungen hervorgehen. Sind diese Bereiche einmal lokalisiert, so lässt sich in einem zweiten Schritt leichter bestimmen, wo Maßnahmen mit größerer Hebelwirkung angewendet werden können.

Der telefonischen Befragung lag ein standardisierter Fragebogen zugrunde.[10] Die Methode der telefonischen Befragung wurde vor allem deswegen gewählt, um den Personen die Möglichkeit für klärende Fragen zu geben. Damit die Fragen nach den Kosten einzelner Regelungsbereiche nicht zu ad hoc erfolgten, wurden die Befragten zuvor schriftlich mit den Gegenständen der telefonischen Befragung vertraut gemacht.[11]

Bei der direkten Befragung der maximalen Zahlungsbereitschaft für die Existenz einer „One-Stop-Agency" kam die sogenannte *Einkreisungstechnik* (einfaches strukturiertes Interview) zum Einsatz. Danach werden den Befragten zwei beträchtlich auseinander liegende DEM-Beträge vorgegeben, die als erste Anhaltspunkte für eine Nutzeneinschätzung dienen sollen. Gegenüber den unstrukturierten Interviews hat diese Vorgehensweise vor allem den Vorteil, dass es die Vorstellungskraft der Individuen hinsichtlich des Untersuchungsgegenstandes weniger überfordert. Die Befragten raten weniger und haben im Verlauf der Einkreisung noch Zeit, Korrekturen vorzunehmen.[12]

---

[10] Der Fragebogen befindet sich im Anhang auf S. 147. Zur Durchführung dieser Art von Interviews sowie zu den Vor- und Nachteilen einer derartigen Befragung siehe z.B. Habermehl (1992, S. 161 ff.) oder Dieckmann (1995, S. 429 ff.).

[11] Weitere Einzelheiten zur Vorgehensweise lassen sich Abschnitt 3.1 entnehmen.

[12] Vgl. Ewers & Schultz (1982)

2. ADMINISTRATIVE REGELUNGEN AUS GESAMTWIRTSCHAFTLICHER SICHT

2.1. Vorbemerkungen und bisherige Untersuchungen

Um den Untersuchungsgegenstand präziser zu erfassen, ist es sinnvoll, zwischen *primären* und *sekundären* administrativen Kompetenzen zu unterscheiden. Unter primären administrativen Kompetenzen wird der gesamte Behördenbereich[13] subsumiert, d.h. sowohl in der Form der von den Behörden vertretenen Regelungen als auch im organisatorischen Vollzug (nebst dem Verhalten der Behördenmitglieder). Dem sekundären Bereich werden die Institutionen zugeordnet, die keine Behörden sind, die jedoch entweder mit hoheitlichen Rechten ausgestattet sind oder durch gesetzliche Regelungen für den Prozess der Unternehmensgründung relevant sein können. Dazu zählen zunächst die Körperschaften des öffentlichen Rechts (z.B. Kammern, Innungen)[14], weiterhin aber auch bestimmte Verbände und Vereine oder die Banken. Wettbewerbsvereine können Gründern beispielsweise das Leben schwer machen, wenn sich diese bei der Überwachung der Gesetze zur Marktaufsicht besonders unflexibel verhalten. Auch das Feld der Finanzierungsprobleme sei an dieser Stelle angeführt. Konflikte mit den Banken können zum Beispiel auch dadurch entstehen, dass diese der gesetzlichen Regelung, nach der sie zwingender Ansprechpartner bei der Vergabe von Existenzgründungsdarlehen sind, nicht in gewünschter Weise nachgehen. Häufig wird in diesem Zusammenhang der Verdacht erhoben, dass bei den Banken Anreize bestehen, Produkte aus dem eigenen Hause stärker zu empfehlen als den Zugang zu öffentlichen Fördereinrichtungen.[15] In diesem Fall läge klar ein Hemmnis aufgrund einer Regelung aus dem sekundären administrativen Bereich vor.

---

[13] Def. Behörde: Organ der Staatsgewalt, das auf gesetzlicher Grundlage in das Gefüge der äußeren Verfassung des Staates eingegliedert ist. Behörden sind Träger öffentlicher Rechte; sie haben mit staatlicher Autorität alle Angelegenheiten des Staates wahrzunehmen. Gabler's Wirtschaftslexikon (1993)

[14] Def. Körperschaft des öffentlichen Rechts: Verband des öffentlichen Rechts, der außerhalb der durch die Behörden dargestellten unmittelbaren Staatsverwaltung öffentliche Aufgaben unter staatlicher Aufsicht und ggf. unter Einsatz hoheitlicher Mittel wahrnimmt. Def. Kammer: Berufsständische Vertretung auf gesetzlicher Grundlage. Def. Handwerksinnung: Körperschaft des öffentlichen Rechts, die der Aufsicht der Handwerkskammern unterliegt. Gabler's Wirtschaftslexikon (1993)

[15] Vgl. z.B. Schulte (1997, 1999)

Man möge sich dabei stets vergegenwärtigen, dass Hemmnisse für die Gründungslandschaft einer Volkswirtschaft nicht nur durch die Existenz von Regelungen hervorgerufen werden können, sondern auch durch deren Abwesenheit. So läge beispielsweise aus ökonomischer Sicht ebenso ein sekundäres administratives Problem vor, wenn das Risikoanreizsystem im Bankensektor zu einem Unterangebot in der Bereitstellung von Risikokapital führt. Ergäbe die Analyse des Problems, dass hier der Markt versagt und deshalb von staatlicher Seite zusätzliche Anreize für die Bereitstellung von Wagniskapital bereitgestellt werden müssten, dann bildet das Unterlassen dieser wirtschaftspolitischen Maßnahme ebenfalls ein Hemmnis.

Weder in Maßnahmen zur Regulierung noch in Maßnahmen zur Deregulierung kann daher ein Allheilmittel gesehen werden. Das wird auch aus der Maxime einer Deregulierungskommission deutlich, die im vergangenen Jahrzehnt bereits eine Reihe von Deregulierungskonzepten hat umsetzen können:

> „Deregulierung meint nicht den Abbau von Rechtsnormen. Sie meint jede wohlbegründete Änderung der Spielregeln, die der wirtschaftlichen Freiheit dient. Aber es gibt selbstverständlich keine Begründung für Deregulierung als Prinzip.“[16]

Die Auseinandersetzung mit existierenden Volkswirtschaften lehrt, dass eine Gesellschaft ohne ein funktionierendes institutionelles Regelwerk die Vorzüge des Marktmechanismus nicht in geeigneter Weise nutzen kann. Daraus folgt konsequenterweise, dass ein regelungsfreier Raum nicht den besten Nährboden für einen funktionierenden Markt bildet, wenn damit ein Markt gemeint ist, der helfen soll, das gesamtgesellschaftliche Wohl zu steigern. Leider nur ist manches institutionelle Regelungswerk genau zu dem Element einer Gesellschaft geworden, das positive gesamtgesellschaftliche Veränderungen verhindert. Mitunter haben gesellschaftliche Regelungen sogar zum totalen Versagen der wirtschaftlichen Dynamik von Volkswirtschaften geführt. Gleichsam wäre es aber falsch, daraus die Maxime herzuleiten, dass ein Weniger an Regelungen immer mit einer Verbesserung der Situation gleichzusetzen ist.

Jedoch sind Deregulierungen sinnvoll, wenn die existierenden Vorschriften

> „... gesamtwirtschaftlich gesehen mehr Kosten verursachen als Nutzen stiften, den Wettbewerb unnötig stark behindern oder verfälschen, ihren Zweck nicht (mehr) erfüllen, mit geltendem (nationalem und europäischem) Recht kollidieren.“[17]

---

[16] Deregulierungskommission (1991, S. 1)

[17] Donges (1991, S. 7)

Die zu hohen gesamtwirtschaftlichen Kosten nehmen dabei allgemein betrachtet viele Dimensionen an. Häufig

> „... sind die Waren und Dienstleistungen der regulierten Bereiche zu teuer und nicht gut genug, bleiben potentielle Chancen für Verfahrensinnovationen und für Produktinnovationen ungenutzt, wird manche Idee einer Unternehmensgründung aufgegeben, verschlechtern sich die Erwerbschancen für den Einzelnen, entsteht Rechtsunsicherheit mit unkalkulierbaren Risiken für Investoren und Arbeitgeber."[18]

Gerade Unternehmensgründer stehen hier vor speziellen Problemen, weil sie sich aufgrund der zu Anfang meistens noch geringen Unternehmensgröße und aufgrund der noch fehlenden Erfahrung besonderen Hindernissen ausgesetzt sehen.

> „Den Gesamtbestand an Gesetzen und Verordnungen zu kennen, überfordert in seinen Bereichen selbst den Steuerfachmann oder den Umweltspezialisten, erst recht aber kleine und mittlere Unternehmen."[19]

An dieser Stelle hilft auch nicht der Hinweis weiter, dass der Eindruck einer wahren Vorschriftenflut insofern falsch ist, als „... die meisten Gründer entweder von diesen branchen- oder größenspezifischen Regelungen nicht betroffen sind bzw. ein Großteil der bürokratischen Vorgänge ohne ihr Zutun abgewickelt wird."[20] Aus den Gesprächen mit den Gründern wurde deutlich, dass ihr Problem darin besteht, aus der Flut von Vorschriften die wenigen für sie zur gegebenen Zeit relevanten Bestimmungen zu lokalisieren. Sie schweben daher häufig in der permanenten Unsicherheit, wichtige Regelungen übersehen zu haben.

Aus den bisherigen Deregulierungsbemühungen ist zudem deutlich geworden, dass staatliche Stellen die Regulierungsgründe häufig über- und die Regulierungskosten oftmals unterbewerten. Außerdem erliegt die Öffentlichkeit „der Macht der Gewohnheit" und hat deshalb oft wenig Einwände gegen das Bestehende.[21] Ein gewisser Gewohnheitsaspekt ist selbst bei den in dieser Untersuchung befragten Personen nicht auszuschließen. So war die Akzeptanz gesetzlicher Regelungen auch unter den befragten Unternehmensgründern überraschend hoch.[22] Das kann selbstverständlich zum einen daran liegen, dass es sich eben um sinnvolle Regelungen handelt und die Gründer dieses erkennen. Ein be-

---

[18] Donges (1991, S. 11)

[19] Rengeling (1997, S. 3)

[20] WSF/Econ-Consult (1999)

[21] Donges (1991)

[22] Siehe Abschnitt 3.2.1.4.

trächtlicher Anteil wird das vorhandene Regelwerk aber auch einfach akzeptieren, ohne es weiter zu hinterfragen. Wie sehr der Gewohnheitsaspekt eine Rolle spielen kann, verdeutlicht schon alleine das Beispiel, dass allgemein kaum noch hinterfragt wird, warum es zum Schneiden der Haare eines Meistertitels bedarf, sich jedoch jede Person ohne fachliche Prüfung als Koch gewerblich betätigen darf. Selbst das Bemühen der Handwerkskammern, den Meisterzwang in die Computerbranche einzuführen, hat zunächst nur wenig Reaktionen hervorgerufen. Das Argument, dass damit das Interesse der Kunden geschützt wird, zieht schon allein deswegen nicht, weil die Handwerkskammern über den Begriff der *Verwandtschaftserklärung* denjenigen Elektroinstallateurmeistern, Elektromechanikern, Elektromaschinenbauern und Fernmeldeanlagenelektronikern selbst dann Zugang zu diesem Markt verschaffen, wenn sie noch nie mit einem Computer in Berührung gekommen sind.[23]

Die in dieser Studie gemachten Erfahrungen legen zumindest nicht nahe, dass wir es bei Unternehmensgründern und –gründerinnen mit Personen zu tun haben, die sich dem Regelapparat schlicht verweigern wollen. Trotz der genannten Probleme liefert die vorliegende Studie daher insbesondere aufschlussreiche Hinweise zu

- der von den Gründern subjektiv empfundenen Belastung mit bestimmten administrativen Regelungen sowie der empfundenen Servicequalität der Behörden,
- der Rangordnung bezogen auf den Grad der Belastungen, die von einzelnen Regelungen ausgehen,
- den Einfluss soziodemographischer Faktoren,
- der Zahlungsbereitschaft zur Aufhebung der Belastung,
- den Kosten administrativer Regelungen,
- der Art der Belastung in Abhängigkeit von Größe, Alter, Branche etc. und
- der Relevanz im Vergleich zu den anderen Belastungen während des Gründungsprozesses.

Von Skambracks, WSF/Econ-Consult und IfM wurden vor allem bereits Untersuchungen zu den drei letztgenannten Punkten durchgeführt.[24] Der Einbezug sekundärer Kompetenzen erfolgte bislang nur bei WSF/Econ-Consult und Brüg-

---

[23] Dieses Beispiel verdeutlicht auch noch einmal die Bedeutung sekundärer administrativer Regelungen für den Gründungsprozess. Siehe Fredebeul-Krein & Schürfeld (1998), Donges (1992) und Gelking (1997) für eine aufschlussreiche ökonomische Analyse der Bereiche Handwerk und Freie Berufe.

[24] Vgl. Skambracks (1999), WSF/Econ-Consult (1999) und Institut für Mittelstandsforschung (1997)

gelambert. Allerdings wurden dort nicht die Kosten sekundärer Regelungen erfasst.[25]

Die Studie von WSF/Econ-Consult zieht die öffentlichen Förderbanken und Kreditinstitute in eine „umfassende Bürokratiedefinition"[26] mit ein, in der späteren Präsentation empirischer Ergebnisse werden dort jedoch wieder bürokratische Hemmnisse von Finanzierungsproblemen getrennt. Eine Erfassung des sekundären Bereichs beschränkt sich auf die Beurteilung der Information, der Qualifizierungen und der Beratung durch die diesem Bereich zugehörigen Institutionen.[27] Wie auch die meisten anderen Untersuchungen kommt diese Studie dann zu dem Ergebnis, dass Finanzierungsprobleme und andere betriebswirtschaftliche Probleme für Unternehmensgründer gravierender sind als bürokratische Hemmnisse. Der Grund für diese Vorgehensweise dürfte allerdings darin liegen, dass es im Rahmen einer empirischen Untersuchung besonders schwierig ist, den Teil an Finanzierungsproblemen zu selektieren, der auf die Existenz beziehungsweise Nicht-Existenz bürokratischer Regelungen zurückzuführen ist, und den Teil, der tatsächlich damit zu erklären ist, dass ein schlechtes Unternehmenskonzept zu Finanzierungsproblemen führte. Dieses Problem konnte auch in Brüggelambert nicht gelöst werden.[28]

Um solchen, sich mehrenden Abgrenzungsproblemen aus dem Weg zu gehen befasst sich die vorliegende Studie im empirischen Teil vorrangig mit den *primären* administrativen Kompetenzen. Es dürfte jedoch klar sein, dass diese Untersuchung schon aus diesem Grund nicht die gesamten Kosten administrativer Regelungen erfassen kann. Vielmehr wird durch sie eine *Mindesthöhe* näher bestimmt. Das gleiche gilt für die Ausführungen in Möhlig et al., Skambracks und dem Institut für Mittelstandsforschung, die sich ebenfalls vorrangig auf primäre administrative Hemmnisse konzentrieren.[29]

Besonders problematisch ist jedoch der häufig anzutreffende Hinweis, dass Bürokratieprobleme in den Hintergrund zu stellen sind, wenn sie im Vergleich zu anderen Gründungsproblemen zurückfallen. Einmal wurde bereits diskutiert, dass der Bürokratiebegriff sehr dehnbar ist. Zum anderen mag beispielsweise ein Anteil von 16 % von Gründern, die über massive oder erhebliche Kosten

---

[25] Vgl. WSF/Econ-Consult (1999) und Brüggelambert (2000)

[26] Vgl. WSF/Econ-Consult (1999, S. 4 und S. 84 ff.)

[27] Vgl. WSF/Econ-Consult (1999, S. 89-99). Die Bedeutung von Beratungseinrichtungen für die Gründung von Unternehmen wurde ebenfalls von Gries et al. (1997) untersucht.

[28] Vgl. Brüggelambert (2000)

[29] Vgl. Möhlig et al. (1998), Skambracks (1999) und Institut für Mittelstandsforschung (1997)

und/oder Verzögerungen klagen, je nach Standpunkt manchen Personen gering und anderen Personen wieder als alarmierend erscheinen.[30] Letztlich stellt sich doch die Frage, welche Behinderungen vermeidbar sind und welche Erleichterungen geschaffen werden können. Es kommt daher auch keineswegs nur auf die dramatischen Behinderungen an, wie das manche Studien gerne glauben machen wollen. So kann selbst massiver bürokratischer Widerstand durchaus volkswirtschaftlich sinnvoll sein. Auf der anderen Seite ist die Belastung, der sich Personen im Gründungsprozess ausgesetzt sehen, groß genug, als dass diese noch mit unsinnigen behördlichen Regelungen behelligt werden sollten, auch wenn diese den Gründungsprozess nicht unmittelbar gefährden.

Wenden wir uns nun aber dem hier untersuchten, vorrangig primären administrativen Bereich zu, der jenes Netz administrativer Regelungen bildet, das im Volksmund gerne als Gestrüpp behördlicher Einrichtungen verurteilt wird. Da sich in WSF/Econ-Consult und der Untersuchung des Instituts für Mittelstandsforschung bereits umfassende Darstellungen der sich hinter diesem Bereich verbergenden Regelungen befinden, soll an dieser Stelle auf eine detaillierte Aufstellung verzichtet werden.[31] De facto werden selbst Experten Schwierigkeiten haben, sämtliche potentiell relevanten administrativen Aspekte einer Gründung zu erfassen. Nachstehend seien aber grob vier Regelungsbereiche genannt, denen in dieser Untersuchung nachgegangen werden soll:[32]

1. Bereich der *Gewerbeaufsicht* (z.B. Amt für Umweltschutz, Amt für Arbeitsschutz): Feuerwehr, Grünflächenregelungen, Bundesimmissionsschutzgesetz, Arbeitsstättenverordnung (Gesundheits- und Sicherheitsvorschriften), Bauverordnungen und Baumaßnahmen, Stellplatzverordnung, kommunale Nutzungspläne, Schulungsmaßnahmen (zur Betriebseröffnung, Verkauf von bestimmten Produkten u.ä.)

2. *Fiskus / Steuern*: Einkommen-/Umsatzsteuer, Gewerbe-/Körperschaftsteuer, Vermögensteuer, Grundsteuer, kommunale Steuern

3. *Einstellung von Beschäftigten*: Lohnsteuer, Sozialversicherungsabgaben, Lohnfortzahlung im Krankheitsfall, Berufsbildungsgesetz, Schwerbehindertengesetz, Kündigungsschutzgesetz, Betriebsverfassungsgesetz, Jugendar-

---

[30] WSF/Econ-Consult (1999, S. 55).

[31] Vgl. WSF/Econ-Consult (1999) und Institut für Mittelstandsforschung (1997)

[32] Die Aufteilung orientiert sich an den Ausführungen in Institut für Mittelstandsforschung (1997)

beitsschutzgesetz, Bundesurlaubsgesetz, Arbeitszeitverordnung, Tarifvertragsgesetz, Mutterschutzgesetz

4. *Marktaufsicht*: Rabattgesetz, Gesetz gegen unlauteren Wettbewerb, Ladenschlussgesetz, Preisangabenverordnung

Schließlich ist noch anzumerken, dass eine Unternehmensgründung weder als ein singuläres Ereignis betrachtet werden kann, noch als ein Prozess, der mit der Gründung des Unternehmens endet. Nach der hier vertretenen Auffassung können sich Personen, die ein Unternehmen gründen, von der ersten konkreten Gründungsinitiative bis zu einem Zeitraum von mehreren Jahren nach der tatsächlichen Gründung im *Ausnahmezustand* befinden. In dieser Zeit können administrative Regelungen, die für ein etabliertes Unternehmen keine besonderen Probleme mehr verursachen, den jüngeren Unternehmen aus den verschiedensten Gründen Schwierigkeiten bereiten.

2.2. Nutzen und Kosten administrativer Regelungen

Wenngleich in der Praxis meist nicht operationalisierbar, so bietet eine theoretische Analyse des gesamtwirtschaftlichen Wertes einer gesetzlichen Regelung den Vorteil, die zugrunde liegende Problematik in abstrakter Klarheit abbilden zu können. Aus ökonomischer Perspektive besteht der Umgang mit der Regelungsproblematik zunächst in der Erkenntnis, dass in einer Welt knapper Ressourcen mit jeder Handlung Kosten im ökonomischen Sinne verbunden sind.

So verursacht die Existenz einer Regelung zum einen Kosten in der Form des mit ihr verbundenen bürokratischen Aufwandes und der durch sie anfallenden Kosten für Personen, die von der Regelung betroffen sind. Gleichzeitig wird die Nichtexistenz dieser Regelung ebenso Kosten verursachen, wenn beispielsweise aufgrund fehlender Bauverordnungen Schutzmaßnahmen unterlassen werden und daher Personen Schaden nehmen bzw. Nutzeneinbußen hinnehmen müssen, wie die Ökonomen an dieser Stelle sagen. Im Umgang mit administrativen Regelungen kann daher nicht die einfache Beschwerde eines Gründers oder gar der Gesamtzahl der Gründer allein den Beweis antreten, dass es sich um eine unsinnige Regelung handelt. Genauso wenig legitimiert sich die Existenz einer Regelung, wenn gezeigt werden kann, dass aus ihr ein Nutzen hervorgeht.

Abbildung 1: Optimaler Regelungsgrad

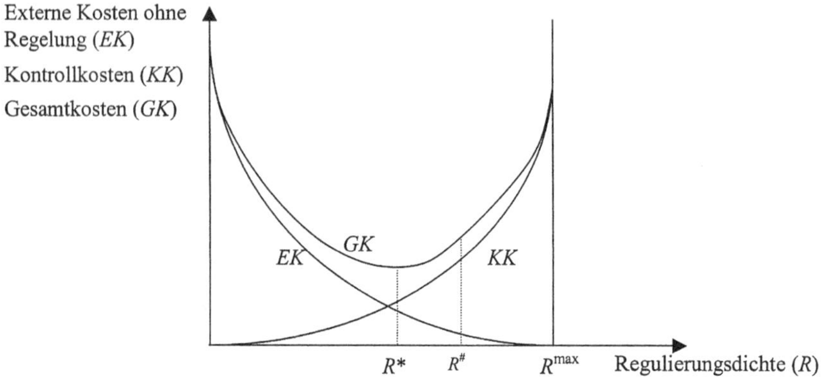

Dieser bereits in der Einleitung hervorgehobene Zusammenhang wird aus der Abbildung 1 deutlich. Auf der horizontalen Achse wurde der Grad der Regulierung R einer Gesellschaft festgehalten. Am Punkt $R^{\max}$ würden sämtliche Handlungen einer behördlichen Genehmigung (nebst Kontrollmaßnahmen) bedürfen. Ein extremer Zustand, der zudem mit prohibitiv hohen Kontrollkosten *KK* einhergehen würde. Um das zum Ausdruck zu bringen, steigt die *KK*-Kurve bis zum Punkt $R^{\max}$ exponentiell an. Die Kontrollkosten *KK* sind im Ursprung der Abbildung selbstverständlich Null, da dort keinerlei behördlicher Einfluss existiert. Es ist unmittelbar einsichtig, dass an dieser Stelle wiederum die Externen Kosten *EK* am höchsten sind, da sich dahinter die Kosten verbergen, die entstehen, weil bestimmte Handlungen in einer Gesellschaft ohne bürokratische Kontrolle durchgeführt werden dürfen. Beispielsweise werden die Kosten, die den Mitgliedern der Gesellschaft durch kriminelle Handlungen entstehen, dann am höchsten sein, wenn kein Gesetzes- und Kontrollapparat hier für Sicherheit sorgt.

Aus ökonomischer Sicht sollte daher der Punkt gefunden werden, an dem die Gesamtkosten *GK* des bürokratischen Eingriffs am niedrigsten sind. In der Abbildung 1 gilt dieses im Punkt R^*. Abstrakt gesehen gilt es demnach, diesen *optimalen Regelungsgrad* zu finden.

Wie die nachfolgenden Ausführungen zeigen werden, gibt es aber aus ökonomischer Sicht gute Gründe anzunehmen, dass in der Gesellschaft permanent die Tendenz besteht, den Regelungsgrad über das optimale Maß hinweg auszudehnen. Das ist beispielsweise im Punkt $R^{\#}$ der Fall. Es ist festzuhalten, dass aus ökonomischer Sicht nur dann von *administrativen Hemmnissen* gesprochen werden sollte, wenn die Alternativkosten der Existenz einer administrativen Regelung höher sind, als die Alternativkosten der Nicht-Existenz dieser Regelung beziehungsweise die Alternativkosten einer anderen Regelung.[33]

In der wirtschaftspolitischen Praxis wird es allerdings schwierig sein, das Optimum exakt zu bestimmen, da die tatsächlichen Kostenverläufe in der Regel nicht bekannt sind. Ein kurzer Ausflug in die ökonomische Theorie erscheint dennoch nützlich für die Beurteilung von administrativen Regelungen im Bereich von Unternehmensgründungen. Kerngedanke der ökonomischen Theorie ist dabei, dass staatlicher Eingriff in den Marktprozess erst dann erfolgen sollte, wenn gezeigt werden kann, dass der Markt einen gesellschaftlich wünschenswerten Zustand nicht aus eigener Kraft herbeiführen kann. Es muss also *Marktversagen* vorliegen. Angesichts der an dieser Stelle untersuchten Problematik kann die Existenz von Regelungen aus Marktversagen aus verschiedenen Gründen vermutet werden, und zwar aufgrund *externer Effekte*, *öffentlicher Güter*, *Größenvorteilen*, *Informationsmängeln*, *Anpassungsmängeln* und *eingeschränkter Rationalität*.[34]

Liegen diese Probleme bei einer marktlichen (d.h. dezentralen) Organisation vor, erscheint ein Staatseingriff aus gesamtwirtschaftlicher Sicht gerechtfertigt. In der praktischen Umsetzung ergibt sich dabei allerdings das Problem, dass auch staatliche Eingriffe nicht kostenfrei sind. Jede Form der Organisation eines Problems wartet mit den ihr spezifischen *Transaktionskosten* auf, wobei unter Transaktionskosten die Kosten verstanden werden, die bei der Erhebung, Durchsetzung und Kontrolle von Verfügungsbeschränkungen (Eigentumsrechten) anfallen. Diese für den Nicht-Ökonomen sicherlich zu abstrakte Definition soll, bezogen auf die in dieser Studie vorliegende Problematik, an einem Beispiel erläutert werden: Gehen wir von dem im Grundgesetz verankerten Recht auf körperliche Unversehrtheit aus. In der Realität wird dieses Recht in der Regel von den Inhabern des Rechts nicht perfekt wahrgenommen werden können. Der Grund dafür ist, dass die Durchsetzung und Kontrolle dieses Rechts selber wieder Kosten verursacht. Das beginnt häufig schon damit, dass es Betroffenen nicht gelingt, überhaupt eine Verletzung des Rechts exakt zu lokalisieren, häufig der Verursacher nicht ausgemacht werden kann oder zunächst Prozesse geführt werden müssten, um das Recht durchzusetzen. Unzureichende Hygienemaßnahmen im Gaststättengewerbe könnten zu so einer Verletzung des Rechts auf

---

[33] Für eine umfassende Verwendung des Alternativkostenkonzepts siehe Weise et al. (1991).

[34] Zu den nachfolgenden Ausführungen siehe z.B. Deregulierungskommission (1991), Fritsch, Wein & Ewers (1993), Frey & Kirchgässner (1994) und Schmidt (1999).

körperliche Unversehrtheit führen, wobei eine Rechtsverletzung in diesem Fall zudem noch extrem hohe Kosten verursachen könnte, im Extrem wäre sogar das Leben bedroht. Es stellt sich nun die Frage, welche Organisationsform (Markt oder staatliche Regel) dieses Recht zu geringeren Kosten durchsetzt und kontrolliert. Man könnte einmal der Ansicht sein, dass der Markt das schon regelt. Personen, die sich im Restaurant den Magen verderben, werden das anderen Personen mitteilen, so dass das Restaurant die Kunden verlieren würde. Ein Restaurantbesitzer wird daher aus Eigeninteresse Hygienemaßnahmen treffen, um sich einen guten Ruf aufzubauen, beziehungsweise um diesen nicht zu gefährden. Es ließe sich aber auch begründen, dass viele Kunden bestimmte Verletzungen gar nicht wahrnehmen oder nicht mehr zuordnen können, wenn sich gesundheitliche Schäden erst später einstellen. In diesem Fall könnte eine staatliche Kontrolle die geeignetere Lösung sein. Sie wäre es aber nur dann, wenn sämtliche mit der staatlichen Kontrolle anfallenden Kosten (d.h. inklusive der Kosten für die Behörde, die Beamten etc.) geringer wären als eine marktliche Lösung. Wären also die Transaktionskosten der staatlichen Lösung zur Durchsetzung des Eigentumsrechts höher als die Transaktionskosten der Marktlösung, so würde *Staatsversagen* vorliegen. Dabei dürfte klar sein, dass wir es in der Realität bei der Durchsetzung von Verfügungsbeschränkungen häufig mit Mischformen zu tun haben, indem wir sowohl Elemente zentraler wie auch Elemente dezentraler Organisation vorfinden.

Da in diesem Beispiel eine Reihe von Argumenten miteinander vermischt wurden, soll in den nächsten Abschnitten eine systematische Erfassung der Gründe erfolgen, die zu Marktversagen beziehungsweise zu Staatsversagen im Bereich administrativer Regelungen führen.

2.3. Marktversagen

2.3.1. Externe Effekte und öffentliche Güter

Im idealen Markt existiert für jede Handlung, die zu einer Beeinträchtigung oder zu einer Bevorzugung einer Person führt, ein Preis, der diese für die entstandenen Kosten oder den gegebenen Nutzen kompensiert. Das heißt, dass jeder Akteur für die verursachten Kosten aufkommt beziehungsweise für den Nutzen, den er anderen Akteuren verschafft, entlohnt wird. Sind diese Voraussetzungen nicht erfüllt, existieren also Handlungen einer Person, die mit negativen oder positiven Konsequenzen für andere Personen verbunden sind, ohne dass sie über ein Preissystem kompensiert werden, so liegen in der Sprache der Ökonomen *Externe Effekte* vor. Wenn beispielsweise ein Unternehmen im Bereich der Produktion bestimmter Lacke gegründet wird und dieses Unternehmen lediglich die eigenen Kosten der Produktion berücksichtigt, nicht jedoch den Schaden, den es Anwohnern dadurch zufügt, dass schädliche Gase bei der Produktion in die Luft gelangen, so verursacht das Unternehmen *negative Externe Effekte* (d.h. soziale Kosten).

Dieser Zusammenhang wird in der Abbildung 2 zum Ausdruck gebracht. An der Senkrechten wurde dort der Preis *P* für das Gut *X* (z.B. Lackfarbe) festgehalten. Da mit fallendem Preis mehr von *X* nachgefragt wird, hat die Nachfragefunktion einen fallenden Verlauf. Weiterhin wurden in der Abbildung 2 zwei Angebotsfunktionen eingezeichnet. Das ist einmal die Funktion, die lediglich die privaten Kosten des Lackfarbenherstellers enthält, ohne die Externen Effekte in der Form der Umweltbelastung durch Abgase zu berücksichtigen. Gesamtwirtschaftlich effizient wäre die Produktion jedoch nur dann, wenn auch die sozialen Kosten der Produktion in die Preisgestaltung einfließen würden. Das gibt die Angebotsfunktion wieder, die private und soziale Kosten des Angebots festhält.

Es wird deutlich, dass bei negativen Externen Effekten ein Gut zu einem zu niedrigen Preis ($P^{\#} < P^{*}$) angeboten wird, was dazu führt, dass die produzierte Menge ($X^{\#} > X^{*}$) über das gesellschaftlich effiziente Maß hinausgeht. Wünschenswert wäre es, die Produktion durch eine Korrekturmaßnahme auf das effiziente Niveau X^{*} zu führen. Das neu gegründete Unternehmen sollte bei der Kalkulation die sozialen Kosten der Produktion von Lackfarben berücksichtigen. Ökonomen sprechen in diesem Zusammenhang von der *Internalisierung Externer Effekte*. Ohne zunächst die Transaktionskosten einer solchen Maßnahme zu berücksichtigen, stehen aus rein technischer Sicht eine Reihe von Lösungen zur Verfügung. Um die Diskussion nicht unnötig auszuweiten, wollen wir uns auf die zwei Instrumente a) *Gebote/Verbote* und b) *Steuern/Subventionen* konzentrieren.[35]

Bei einem gesetzlichen *Gebot* oder *Verbot* (auch Auflagen), das auf den ersten Blick ein relativ einfaches Instrument zur Internalisierung zu sein scheint, ergibt sich vor allem das Problem der richtigen Dosierung. Es müssen vom Staat Anforderungen an die Produktion festgelegt werden, die dazu führen sollen, dass sich die Produktionskosten in der gewünschten Art erhöhen, so dass sich schließlich die gesellschaftlich wünschenswerte Menge X^{*} einstellt. Häufig sind es aber nicht die tatsächlichen Produktionsverhältnisse, die in die Festlegung von technischen Anforderungen eingehen. In der Regel stehen den Behörden darüber keine Informationen zur Verfügung. Die Festlegung erfolgt pauschal und wird häufig durch die noch zu erläuternde Tendenz verzerrt, so dass büro-

---

[35] Siehe ausführlich z.B. in Fritsch, Wein & Ewers (1993).

kratische Einrichtungen selber dazu neigen, ihre Kompetenzen über das gesellschaftlich wünschenswerte Maß auszudehnen.

Abbildung 2: Negative Externe Effekte in der Produktion

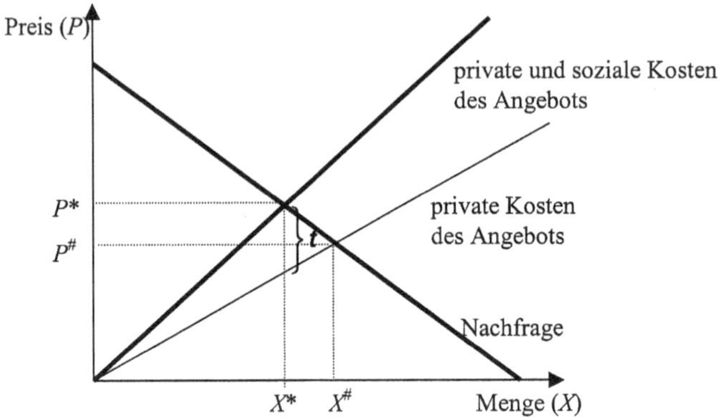

Die Internalisierung mittels *Steuern* oder *Subventionen* steht prinzipiell vor dem gleichen Problem. Im geschilderten Fall würde der Staat eine Abgabe in Höhe von *t* vom Verursacher erheben (siehe Abbildung 2). Die Produktionskosten würden sich entsprechend erhöhen und das Angebot ginge auf die gewünschte Menge *X** zurück. In der Realität erfordert die Ermittlung der richtigen Sätze eine ähnlich aufwendige Erfassung, Bewertung und Zurechnung der Kosten bzw. Nutzen auf die jeweiligen Verursacher, wie ideale Gebote/Verbote. Die tatsächlichen Steuer-/Subventionssätze bzw. gesetzlichen Gebote/Verbote sind daher immer Näherungslösungen. Sie werden eher über den demokratischen Willensbildungsprozess als gesellschaftlicher Grundkonsens festgelegt.

Wie bei den gesetzlichen Auflagen haben Politiker und Bürokratie dabei den Anreiz, auch auf den Grundkonsens bezüglich der Steuer-/Subventionssätze zum eigenen Vorteil Einfluss auszuüben. Das gelingt diesen bis zu einem gewissen Grad deshalb, weil sie gegenüber den Wählern einen großen Informationsvorteil genießen. So werden in diesem Zusammenhang gerne überhöhte Steuersätze durchgesetzt, um etwa die Staatskassen aufzubessern oder einen administrativen Wasserkopf zu finanzieren.[36]

---

[36] Ein wesentlicher Vorteil, den die Steuer-/Subventionslösung gegenüber der Abgabenlösung besitzt, besteht jedoch darin, dass sie es ermöglicht, den Steuerzahlern entscheiden zu lassen,

Zudem kommt hier einschränkend das Transaktionskostenargument zum Tragen. Ein staatlicher Eingriff ist danach natürlich ineffizient, wenn die Durchsetzungs-, Kontroll- und Verwaltungskosten höher sind als der gesellschaftliche Nutzen des Staatseingriffs. Häufig sind Staatseingriffe sogar unnötig, da es dezentrale (marktliche) Formen der Internalisierung Externer Effekte gibt. So ist es ja durchaus möglich, um bei der obigen Produktion von Lacken zu bleiben, dass die Betroffenen selber in dezentralen Verhandlungen ihre Rechte wahren können. Sind viele Personen betroffen, und sind die Zusammenhänge komplex und wenig durchschaubar, wird diese Lösung aber zunehmend unwahrscheinlich.

Dennoch könnten hier abgestuft zentrale und dezentrale Maßnahmen eine effizientere Lösung darstellen. Dies könnte zum Beispiel ein verschärftes Haftungsrecht und die Möglichkeit, sich gegen Haftungsschäden zu versichern, sein. So ließen sich Brandschutzverordnungen (ggf. teilweise) durch eine Gefährdungshaftung ersetzen, nach der die Anbieter für sämtliche Schäden haften, außer denen, in denen der Konsument unsachgemäße Handlungen durchgeführt hat. Der Anbieter könnte sich wiederum gegen mögliche Haftungsansprüche versichern, wobei der Versicherer dann die Prämie nebst den Bedingungen festlegt, zu denen die Prämie gesenkt werden kann. Der bürokratische Aufwand wäre vermindert, außerdem ließen sich zwischen Versicherungsgeber und Versicherungsnehmer leichter individuelle Lösungen aushandeln. Herrscht zudem Konkurrenz am Versicherungsmarkt, ist zu erwarten, dass die Versicherer nicht zu stark versuchen, durch hohe Auflagen das Risiko auf Kosten der Versicherungsnehmer zu senken. Es dürfte allerdings klar sein, dass eine Verschärfung des Haftungsrechts stets auch zu einer Erhöhung der Kosten der Produktion führt und damit zwangläufig auch zu einer Erhöhung der Produktpreise. Dieser Nachteil muss bei der Kalkulation der Kosten der Haftungsregelungen berücksichtigt werden. Es gilt eben stets diejenige Form der Internalisierung Externer Effekte zu finden, bei der die gesellschaftlichen Kosten am niedrigsten sind.[37]

---

ob diese lieber Steuern zahlen oder aber (kostenwirksame) Maßnahmen ergreifen, um die Schädigung zu reduzieren. Man möge sich das am Beispiel der Ökosteuer auf Kraftstoffe vor Augen halten. Um in der Gesellschaft insgesamt einen Schadstoffrückgang zu erreichen, hätte der Staat ebenso beispielsweise für PKW's einen Höchstverbrauch festlegen können oder gar maximale Kilometerleistungen je PKW pro Jahr. Einigen Fahrern oder Fahrerinnen fällt es aber besonders leicht, diese Pauschalen einzuhalten, andere hingegen wären davon massiv beeinträchtigt. Bei einer Steuer entscheidet jedoch jeder Autofahrer unter Berücksichtigung der individuellen Kosten und Nutzen, wieviel Steuern gezahlt und wieviel zur Vermeidung der Steuern in Schadstoffvermeidungstechnologie aufgewendet werden sollen. Im Ergebnis wird insbesondere dort Schadstoffausstoß vermieden, wo es besonders günstig ist. Das gleiche Ziel kann so mit geringeren Kosten erreicht werden.

[37] Vgl. Frey & Kirchgässner (1994, 124-132).

Abbildung 3: Positive Externe Effekte durch das Gründungsgeschehen

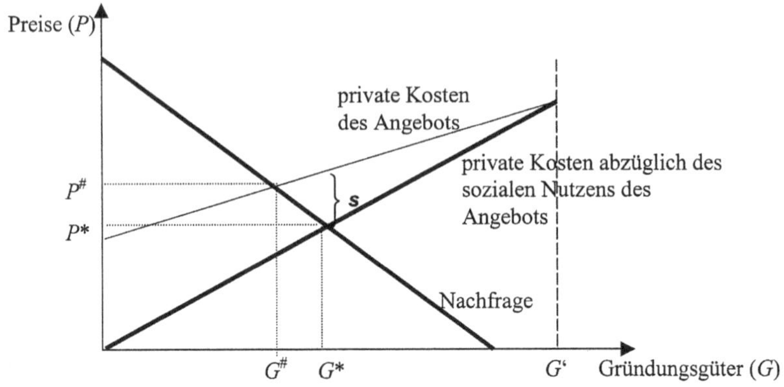

Noch zentraler bei der Gestaltung des Regelungsapparates mit den geringsten gesellschaftlichen Kosten ist aber die Tatsache, dass bei der Festlegung einzelner Regelungsbereiche häufig zwar die positive Wirkung einer Regelung hervorgehoben wird, nicht aber die Kosten. Hier muss ein Umdenken derart stattfinden, dass wirtschaftspolitische Berater die Entscheidungsträger darüber informieren, welches die adäquate Maßnahme ist. So werden die *positiven Externen Effekte* einer intakten Gründungslandschaft häufig schon alleine deswegen unterschätzt, weil potentielle Gründer und Gründerinnen praktisch keine Lobby haben.

Dabei gehen aus dem Gründungsgeschehen einer Gesellschaft besondere positive Effekte hervor. Zur Darstellung dieses Zusammenhangs wurde die Abbildung 3 entworfen. Stark stilisiert sollen unter *G* die für einen Markt von neu gegründeten Unternehmen angebotenen Produkte oder Dienstleistungen festgehalten sein. Wir gehen dabei davon aus, dass diese Unternehmen im besonderen Maße positive Externe Effekte erzeugen. Das kann zum Beispiel darin begründet sein, dass sie das Streben nach selbständiger Leistung erlauben, die wirtschaftliche und soziale Verantwortung fördern, mit ihrer Innovationskraft zum Fortschritt beitragen, durch den Marktzutritt die Wettbewerbssituation auf den Märkten stärken, allgemein die Attraktivität der ganzen Region erhöhen, den Strukturwandel einleiten oder sonst wie einen positiven Beitrag zur Entwicklung der Gesellschaft leisten, ohne dass sie dafür über den Verkaufspreis ihres Produktes adäquat kompensiert werden.[38]

Die privaten Kosten des Angebotes liegen daher in Abbildung 3 höher als die sozialen Kosten, da jetzt von den privaten Kosten der zusätzliche soziale Nutzen der Produkte abgezogen werden muss. In der Abbildung 3 nimmt dieser zusätzliche soziale Nutzen allerdings ab, bis der Punkt *G*' erreicht ist, an dem der zusätzliche soziale Nutzen Null wird. Damit in dieser Situation die gesellschaftliche effiziente Menge *G** angeboten wird, müsste der Staat eine Unterstützung in Höhe von *s* leisten.

Nun sind die exakten Kostenverläufe in der Regel dem Staat wiederum nicht bekannt. In der wirtschaftspolitischen Praxis wird sich daher eher ein gesellschaftlicher Grundkonsens darüber finden lassen, welcher Nutzen vom Gründungsgeschehen auf volkswirtschaftlicher Ebene zu erwarten ist. Dieser Grundkonsens bestimmt das Maß, in dem beispielsweise zur Sicherung eines gewünschten Ausmaßes positiver Externer Effekte eine staatliche Förderung des Gründungsgeschehens erfolgen soll.

Wie die nachfolgenden Ausführungen zeigen werden, bilden nicht internalisierte positive Externe Effekte jedoch keinesfalls die einzige Ursache, die zu einer Unterversorgung mit Unternehmensgründungen führt. Sie kann beispielsweise auch mit den Kosten begründet sein, die sich aus den besonderen Problemen im Umgang mit bürokratischen Einrichtungen ergeben. Aus diesen Begründungszusammenhängen rechtfertigen sich dem Prinzip nach beispielsweise staatliche Unterstützungen in der Form von Förderungsdarlehen, Gründungsinitiativen, Technologiezentren, unterstützende administrative Einrichtungen u.v.a.m. Auch diese Maßnahmen dürfen jedoch nicht nach dem Gießkannenprinzip angewendet werden, sondern bedürfen sorgfältiger Abwägung, wenn öffentliche Gelder nicht einfach verschwendet werden sollen.

Bei einem *öffentlichen Gut* handelt es sich um einen Extremfall eines externen Effektes. Ein solches Gut wird vom Markt nicht bereitgestellt, weil niemand zu erträglichen Kosten vom Konsum eines solchen Gutes ausgeschlossen werden kann. Ein sehr gutes Beispiel ist hier die Rechtssicherheit. Kein Mitglied einer Gesellschaft kann von diesem Gut ausgeschlossen werden, die Bereitstellung nimmt jedoch enorme Kosten in Anspruch. Es dürfte dabei klar sein, dass Rechtssicherheit nur dann von gesellschaftlichem Nutzen sein kann, wenn sie de facto auch besteht. Wie die vorliegende Studie ergeben hat, traten bei Existenzgründern häufig Probleme mit administrativen Einrichtungen dadurch auf, dass

---

[38] Siehe dazu auch Schinkel & Steiner (1980).

es zu Kompetenzstreitigkeiten zwischen den Behörden kam. Solche Zustände sind nicht dazu geeignet, ein Gründungsvorhaben zumindest auf der Basis klarer Verordnungen durchführen zu können.

Ein weiteres Beispiel für ein öffentliches Gut wäre beispielsweise ein ästhetisches Straßenbild oder der Erhalt von Denkmälern. In der Praxis wird im behördlichen Umgang mit diesem Problemfeld allerdings schnell vergessen, dass unternehmerische Freiheit und Selbstverwirklichung ebenfalls gesellschaftliche Werte sind. Zudem zeigen die im Anhang festgehaltenen Fallstudien, dass die Behörden nicht selten paternalistisch festlegen, was als schutzbedürftig gilt und was ästhetisch ist. Nicht selten gelangte dabei sogar noch die eine Behörde in Konflikt mit einer anderen Behörde, was dann auf dem Rücken der Gründer und Gründerinnen ausgetragen wurde.

2.3.2. Größenvorteile

Der Marktzutritt erschwert sich stets dann, wenn in einem Markt nicht die Bedingungen der *vollkommenen Konkurrenz* gegeben sind. Diese Idealbedingungen sind in der Realität jedoch immer verletzt. So existieren dort beispielsweise Größenvorteile (sogenannte „Economies of Scale“ und „Economies of Scope“).[39] In diesen Fällen entstehen mit wachsender Unternehmensgröße Kostenvorteile. Je größer das Unternehmen, desto geringer sind die Kosten und umso niedriger ist natürlich der Preis, zu dem das Unternehmen anbieten kann. In diesen Märkten besteht daher eine Tendenz zu Großunternehmen. Neugründungen fällt es schwer, sich in diesen Märkten zu etablieren, wenn sie nicht über ausreichend Kapital verfügen, um sogleich in einer bestimmten Größenordnung einzusteigen. Marktzugang findet daher in diesen Märkten in der Regel nur durch andere Großunternehmen statt.

Untersuchungen haben zudem gezeigt, dass für kleine und mittlere Unternehmen ein ausreichender Eigenkapitalanteil im Vergleich zu Großunternehmen eine erhöhte Bedeutung hat.[40]

> „Für junge Unternehmen ist der Eigenkapitalanteil geradezu existenziell. Die bei Existenzgründungen typischen Anlaufverluste, die u.a. aufgrund erhöhter Kosten für die Markteinführung sowohl auf der Absatz- wie auch auf der Beschaffungsseite entstehen, müssen mit einem ausreichenden Eigenkapitalpuffer aufgefangen werden. Eine Innenfinanzierung ist bei Existenzgründern in der Regel nicht ausreichend mög-

---

[39] Vgl. z.B. Frey & Kirchgässner (1994, S. 92).

[40] Struck (1996)

lich. (...) Ist kein ausreichender Eigenkapitalanteil vorhanden, scheitert oftmals das gesamte Vorhaben schon vor der eigentlichen Gründung."[41]

Für Banken ist die Finanzierung von kleinen Unternehmen schon deshalb weniger interessant, weil das Kreditvolumen im Vergleich zu den seitens der Banken anfallenden Kosten der Prüfung der Kreditwürdigkeit zu klein ist. Um den Marktzugang sicherzustellen, kann eine gezielte Förderung von Gründungen schon aus diesen Gründen gerechtfertigt sein. Eine weitere Benachteiligung erhalten neu gegründete Unternehmen dadurch, dass sie bei der Beschaffung von Fremdkapital erfahrungsgemäß mit höheren Zinsen konfrontiert werden als die etablierten Unternehmen. Die Gefahr des Scheiterns wird von den Banken als höher eingeschätzt und daher von ihnen ein größerer Risikoaufschlag verlangt. Wie der nächste Abschnitt zeigen wird, liegt die eigentliche Ursache des Verhaltens der Banken jedoch in dem Informationsdefizit begründet, das zwischen Gründern und Banken im besonderen Maße existiert.[42]

Ein Größennachteil existiert für kleine Gründungen jedoch nicht nur im Finanzierungsbereich, sondern beispielsweise auch im Umgang mit administrativen Einrichtungen. Etablierte Großunternehmen weisen einen relativ geringeren bürokratischen Aufwand auf als ihre kleineren Mitkonkurrenten.[43] Bezogen auf die Gründungsproblematik wurde dieser Aspekt der Economies of Scale bereits von Skambracks ausgearbeitet.[44] Es zeigte sich dort der folgende Zusammenhang:

> „Da Existenzgründungen meist klein anfangen, stellt die finanzielle Belastung durch administrative Pflichten eine besondere Hürde dar: Einerseits müssen sich die meisten Unternehmen erst am Markt etablieren und starten daher mit geringem Umsatz und ohne Gewinn. Andererseits müssen sie, ungeachtet ihrer besonderen Lage, den Pflichten der Bürokratieverlagerung voll nachkommen."[45]

Ein weiterer Aspekt, der in enger Verwandtschaft mit Größenvorteilen steht, ist, dass etablierte Unternehmen über ihre Beteiligung (Lobby oder sonstiger Einfluss über Interessenverbände) am politischen Willensbildungsprozess Einfluss auf das administrative Regelwerk ausüben können. Da in der ökonomischen Theorie davon ausgegangen wird, dass sie dabei ihr Eigeninteresse wahren werden und dieses nicht immer dem Kollektivinteresse entspricht, ist zu erwarten, dass ein beträchtlicher Teil des Regelwerks lediglich dazu dient, Marktzutritts-

---

[41] Struck (1996, S. 1)

[42] Vgl. Fritsch, Wein & Ewers (1993, S. 143) sowie Schulte (1999).

[43] Vgl. die Übersicht in Clemens & Kokalj (1995).

[44] Skambracks (1999, Kap. 4)

[45] Skambracks (1999, S. 39)

barrieren für Newcomer aufzubauen. Dieses Verhalten wird unter dem Begriff „Rent Seeking“ weiter unten noch diskutiert.

2.3.3. Informationsmängel

Für die Gründungsproblematik ebenfalls von zentraler Relevanz sind die Schwierigkeiten, die sich aus der Existenz von Unkenntnis und Unsicherheit ergeben. Im Modell der vollkommenen Konkurrenz wird davon ausgegangen, dass die Marktteilnehmer perfekt informiert sind. Es dürfte aber klar sein, dass dieses nicht der Realität entspricht. Wieder ergeben sich aus dieser Marktunvollkommenheit in zweierlei Hinsicht Konsequenzen für das Wechselspiel zwischen Administration und Gründungsgeschehen. Zum einen rechtfertigen sich daraus administrative Eingriffe, zum anderen können aus der gleichen Quelle auch Probleme mit administrativen Regelungen resultieren.

Wenden wir uns zunächst dem ersten Begründungszusammenhang zu. Ungleich auf Angebots- und Nachfrageseite verteilte Informationen (*Informationsasymmetrien*) können dazu führen, dass die besser informierte Partei ihren Informationsvorsprung zu Lasten der anderen Seite ausnutzt. Das Problem verschärft sich zunehmend mit dem Grad der Ungewissheit hinsichtlich der Qualität der angebotenen Produkte. So sind beispielsweise ärztliche Leistungen häufig von großer Unsicherheit geprägt, da gesundheitliche Schäden zum Teil erst in der Form von Spätfolgen auftreten und eine Zuordnung zu der ärztlichen Betreuung dann gar nicht mehr möglich ist. In der Ökonomie wird in dieser Situation von „Vertrauensgütern“ gesprochen. Ähnlich verhält es sich mit sogenannten „Erfahrungsgütern“. Das sind Güter, deren Qualität erst einige Zeit nach dem Kauf durch deren Nutzung offenbart wird.

Ökonomisch problematisch ist in diesem Zusammenhang das Phänomen der adversen Selektion, die darin besteht, dass am Markt gute Qualität von schlechter Qualität verdrängt wird. So werden beispielsweise die Konsumenten von Gebrauchtwagen lediglich bereit sein, einen durchschnittlichen Preis für die Autos zu zahlen, da sie die versteckten Qualitäten nicht kennen und daher gute Gebrauchtwagen nicht von den „Zitronen“ unterscheiden können. Als Konsequenz werden nur noch diejenigen ihre Autos am Gebrauchtwagenmarkt anbieten, deren Wagen unterhalb der Durchschnittsqualität liegen. Woraufhin das irgendwann wieder von den Käufern erkannt wird und diese wieder die Zahlungsbereitschaft senken. Die Qualität wird weiter sinken und die Preise auch. Dieses

Problem, dass gute Qualität schlechte Qualität verdrängt, wird in der Literatur unter dem Begriff *adverse Selektion* diskutiert.[46]

In der Realität haben sich vielerlei Lösungen zur Linderung der Probleme ergeben, die aus der Existenz von Informationsasymmetrien resultieren. Als marktliche Beispiele sind hier Garantieerklärungen oder teilweise auch die Arbeit von Verbraucherschutzverbänden zu nennen. Von staatlicher oder halbstaatlicher Seite werden damit Institutionen wie die Stiftung Warentest, Qualifikationsanforderungen in den Freien Berufen (Ärzte, Rechtsanwälte, Steuerberater usw.) oder im Handwerk (Meisterprüfungen), Vorschriften und Verordnungen zur Sicherung der Produktqualität oder der Qualität des Arbeitsplatzes u.ä. gerechtfertigt.

Prinzipiell lässt sich die Existenz dieser Regelungen also durchaus rechtfertigen. Eine Gefahr besteht jedoch darin, dass sie häufig von Marktzutrittsbarrieren nur schwer zu unterscheiden sind. So wird die Art der Organisation des Handwerks in Deutschland von den meisten Ökonomen eher als Marktzutrittsbarriere empfunden, denn als wirkliche Qualitätssicherung. Lediglich bei Handwerksleistungen (Gefahrenhandwerke), bei denen Qualitätsmängel besonders negative Wirkungen für die Betroffenen haben können, lässt sich ein besonderer Schutz für die Verbraucher rechtfertigen. Dazu bedarf es jedoch keiner Meisterprüfung. Eine Verschärfung der Produkthaftungsregeln, der beispielsweise in Großbritannien Vorzug gegeben wird, würde hier bessere Dienste leisten, da die Meisterprüfung zwar die Leistungsfähigkeit zu einem bestimmten Zeitpunkt prüft, nicht aber die tatsächliche Qualität der Leistung, wenn sie erbracht wird.[47] Auch im Bereich der Freien Berufe ist häufig nicht erkennbar, warum über Zwangsmitgliedschaften die Qualität des Angebots besser gesichert werden kann, als das über freiwillige Mitgliedschaften in Berufsverbänden möglich ist. Diese Verbände würden dann im Wettbewerb zueinander stehen und müssten sich unter Wahrung der Qualität ihrer Mitglieder eine Reputation unter den Konsumenten aufbauen.[48]

Friedman fasst das Problem prägnant zusammen:

> „Der offensichtlichste soziale Nachteil liegt doch wohl darin, daß jede dieser Maßnahmen Registrierung, Bestätigung oder Lizenzzwang fast unweigerlich zu einem Werkzeug in der Hand bestimmter Herstellergruppen wird und diesen dazu dient, auf Kosten der Allgemeinheit eine Monopolstellung zu erreichen. (...) Wer sich am

---

[46] Siehe dazu den ursprünglichen Beitrag von Akerlof (1970).

[47] Fredebeul-Krein & Schürfeld (1998)

[48] Gelking (1997)

stärksten um derartige Arrangements bemüht und am meisten danach strebt, diese Art Maßnahmen durchzusetzen, und sich am intensivsten mit den Details der Ausführung beschäftigt, wird immer jemand aus dem in Frage kommenden Berufsstand sein."[49]

Eine Vielzahl dieser auch den Gründungsprozess hemmenden Regelungen könnte durch eine Veränderung des Haftungsrechts irrelevant werden. Gleiches gilt für weitere administrative Eingriffe wie Auflagen und Regelungen im Bereich der Sicherheit oder im Umweltbereich. Je größer die Informationsasymmetrie zuungunsten der Konsumenten und je größer der potentielle Schaden, desto eher sollte dabei natürlich eine Haftung in Richtung Gefährdungshaftung gehen, wie das bereits im Zusammenhang mit den Externen Effekten angesprochen wurde.

Eine Verschärfung des Haftungsrechts würde allerdings auch eine Belastung für die Gründer darstellen. Hier zeigt sich aber nochmals deutlich, dass es bei einer ökonomischen Analyse der Probleme im Gründungsprozess nicht darum gehen kann, die Gründer aus ihrer sozialen Verantwortung zu entlassen. Nur wird der Produzent eines neuen Produktes häufig eher in der Lage sein, dessen Qualitätsstandards zu bestimmen, als eine Zentralinstanz, zumal diese meistens noch unter dem partikulären Einfluss der Interessengruppen steht.

Dringt man in diese Bereiche vor, gewinnt man häufig das Gefühl, heilige Kühe schlachten zu wollen. Da sowohl die Interessenverbände einen Teil ihrer Privilegien aufgeben müssten als auch die Behörden in ihren Kompetenzen beschnitten würden, wird diese Alternative häufig ignoriert oder in einem schlechten Licht dargestellt. Ein jeder wird sich vermutlich noch an die heftigen Diskussionen erinnern, als es darum ging, mehr Wettbewerb bei der technischen Überwachung von Automobilen zuzulassen. Schaut man sich allerdings die heutige Situation an, so wird man feststellen, dass kaum eine der Befürchtungen eingetroffen ist, die Servicelandschaft sich aber deutlich verbessert hat.

Es darf allerdings nicht verschwiegen werden, dass bei einer Substitution behördlicher Schutzvorschriften durch veränderte Haftungsregeln Neugründungen in jungen und dynamischen Märkten der Umgang mit Versicherungen im besonderen Maße erschwert sein könnte. Da sie für die Versicherungen nicht leicht einschätzbare Risiken darstellen würden, sähen sie sich entsprechend hohen Prämiensätzen ausgesetzt.

Es besteht jedoch noch ein weiteres Problemfeld im Bereich der Existenz von Informationsasymmetrien, das für den Gründungsprozess von großer Bedeutung ist. Dieses liegt im Bereich der Finanzierung. Wie schon im vorangegangenen

---

[49] Friedman (1971)

Abschnitt angesprochen, kann die zwischen den Banken und Gründern existierende Informationsasymmetrie ebenfalls ursächlich für ein Unterangebot an Unternehmensgründungen sein. Selbst das bereits angesprochene Problem der adversen Selektion lässt sich auf das Gründungsgeschehen übertragen. Da es innovative Gründungen in einem Umfeld mit konservativen Finanzierungspraktiken schwerer haben als traditionelle Gründungen, ist davon auszugehen, dass zunehmend innovative Gründungen von traditionellen verdrängt werden. Es kann allerdings nicht Aufgabe der Banken sein, hier Abhilfe zu schaffen, da sich diese im Rahmen der herrschenden Marktbedingungen ökonomisch richtig verhalten.

Auch vor diesem Hintergrund dürfte eine Gründungsförderung im Finanzierungsbereich nicht daran ausgerichtet sein, das Ausfallrisiko zu minimieren. Der richtige Weg ist es, den Banken einen Teil des Ausfallrisikos abzunehmen und gleichzeitig aber zumindest eine Mindesthaftung des Gründers oder der Gründerin sicherzustellen, um eine Mindestqualität der Gründungen zu sichern. Das „DtA-StartGeld" geht diesbezüglich bereits in die richtige Richtung.[50]

2.3.4. Anpassungsmängel

Bei den Anpassungsmängeln, die sich allgemein darauf beziehen, dass Märkte nicht stets im Gleichgewicht sind, sondern in der Realität Anpassungsprozesse immer nur unter Zeitverlust möglich sind, soll lediglich kurz auf das Problem der *ruinösen Konkurrenz* und des *opportunistischen Verhaltens* eingegangen werden. Im Falle der ruinösen Konkurrenz wird davon ausgegangen, dass Anbieter auch dann im Markt verbleiben, wenn die zu erzielenden Preise ihre Kosten nicht mehr decken. Der Verbleib im Markt lässt sich mit der Existenz von irreversiblen Investitionskosten erklären. Diese irreversiblen Investitionen gehen verloren, wenn das Unternehmen aus dem Markt austritt.

Das Argument der ruinösen Konkurrenz wird beispielsweise auch verwendet, um Lizenzen im Bereich des Taxigewerbes zu rechtfertigen. Aus wettbewerbspolitischen Gesichtspunkten ist das allerdings nicht nachvollziehbar. Die Existenz von irreversiblen Investitionskosten ist dort nicht gravierend, da sich ein PKW verhältnismäßig leicht am Markt handeln lässt. Auch die von den Taxifahrern geleisteten Investitionen in Humankapital (Führerschein und Zusatzausbildung) liegt nicht über denen in anderen Gewerbezweigen.[51] Da das inzwischen erkannt wurde, versucht das Taxi-Gewerbe nun zunehmend eine Ergänzungsfunktion zum öffentlichen Personennahverkehr zu übernehmen. Als eigentliches

---

[50] Diese Ansicht vertreten auch Kritikos & Wießner (2000, S. 371), die zudem noch sinnvolle Ausgestaltungsmöglichkeiten diskutieren.

[51] Siehe dazu auch Häckner & Nyberg (1995).

Ziel ist dahinter jedoch viel eher eine Marktabschottungsstrategie erkennbar als eine sinnvolle Begründung für einen Markteingriff. Bei der Öffnung des zuvor ähnlich geschützten Transportgewerbes im Rahmen der EU-Wettbewerbspolitik hat sich kaum eine der zunächst geäußerten Befürchtungen bewahrheitet.

Mit einer verwandten Argumentation, jedoch noch den Aspekt der Qualitätssicherung stärker betonend, werden im Bereich der Freien Berufe Werbebeschränkungen legitimiert. Diese können für Neugründungen erhebliche Probleme mit sich bringen, da ihnen damit die Möglichkeit genommen wird, auf sich aufmerksam zu machen.

In diesem Bereich sind direkte werbliche Aktivitäten in vielfältiger Art und Weise eingeschränkt, in Form und Inhalt vorgegeben oder reglementiert. Größe und Häufigkeit von Anzeigen sind ebenso vorgegeben wie etwa Inhalte und Adressatenkreis von Rundschreiben, Zahl, Art und Größe von Praxisschildern, Drucksachen, Stempeln oder Visitenkarten oder von Angaben in Telefon- und Adressbuchverzeichnissen.[52] Stets wird in diesem Zusammenhang auch der Begriff der *irreführenden Werbung* verwendet, ohne dabei den Informationsaspekt zu erwähnen, der ebenfalls von der Werbung ausgeht. Warum sollten negative Aspekte der Werbung gerade bei den Freien Berufen überwiegen?

> „Werbebeschränkungen stellen ganz allgemein ausgedrückt Informationsbeschränkungen für die Verbraucher dar, die aus den verschiedenen dargestellten Verbraucher- und Anbieterschutzargumenten in Kauf genommen werden. Dabei wird einerseits aus paternalistischen Erwägungen heraus angenommen, der Staat oder die Verbände hätten eine Verpflichtung, diesen ‚Schutzauftrag‘ zu übernehmen, andererseits wird die informationsfördernde Wirkung von Werbung unterschätzt oder bewußt heruntergespielt.“[53]

Ein auf ein bestimmtes Teilgebiet spezialisierter Freiberufler kann beispielsweise in einem solchen Umfeld nur sehr beschränkt als Spezialist eine Reputation aufbauen, da nur für ganz bestimmte inhaltliche Bereiche die Erlaubnis besteht, diese beispielsweise in den Praxisschildern oder den Visitenkarten zu führen. Neben der Differenzierung und Spezialisierung verhindern die Werbebeschränkungen aber auch den Markzutritt für neue Freiberufler. Da sie ebenfalls lediglich im vorgeschriebenen Maße werben dürfen, bleibt ihnen nur die Möglichkeit, über die indirekte Kontaktaufnahme in Vereinen oder Gesellschaften, Mund-zu-Mund-Werbung und ähnliche informelle Wege den potentiellen Kundenstamm zu erreichen. Da sie diese Kanäle erst einmal aufbauen müssen, haben sie deutliche Wettbewerbsnachteile gegenüber den etablierten Standesvertretern.

---

[52] Gelking (1997, S. 69-85)

[53] Gelking (1997, S. 77)

Die Liberalisierung bestehender Werbeverbote in Großbritannien, Frankreich und Dänemark hat ein durchaus positives Echo gefunden. Am weitesten ist die Liberalisierung in Großbritannien vorangeschritten. Für Rechtsanwälte sind dort nur noch die vergleichende Werbung, irreführende Werbung und die Angabe von Erfolgsquoten verboten.[54] Weder die Qualität der Rechtsberatung noch deren Ansehen sind in Mitleidenschaft gezogen worden. Auch für Teile der *Marktaufsicht* muss daher konstatiert werden, dass sie eher geeignet sind Marktzutrittbarrieren aufzubauen, als dass von ihnen ein besonderer gesellschaftlicher Nutzen ausgeht.

Unter *opportunistischem Verhalten* wird in der ökonomischen Theorie jene persönliche Vorteilnahme verstanden, die durch die Tatsache ermöglicht wird, dass Verträge nicht sämtliche Eventualitäten regeln können, die nach Vertragsabschluss eintreten. Häufig sind dafür natürlich wieder Informationsmängel ursächlich. Man möge sich aber zudem Aufwand und Inflexibilität vorstellen, die entstünden, wenn beispielsweise ein Arbeitsvertrag sämtliche nach Abschluss des Vertrages möglichen Begebenheiten bereits im vorhinein regeln sollte. Der Staat hat in diesem Zusammenhang die Möglichkeit, durch Regeln (z.B. Arbeitsgesetzgebung, Regulierungen des Wohnungsmarktes usw.) bestehende Lücken zu schließen. Häufig ließen sich jedoch flexiblere Lösungen durch Verhandlungen zwischen den betroffenen Gruppen finden. So könnten zum Beispiel einige Bestandteile des Kündigungsschutzes besser zwischen den Tarifpartnern ausgehandelt werden.

2.3.5. Eingeschränkte Rationalität und meritorische Güter

Auch hier lässt sich ein Begründungszusammenhang dadurch herstellen, dass Informationsbeschaffungsprozesse zum Teil sehr hohe Kosten verursachen. An dieser Stelle wird die Frage aufgeworfen, inwieweit Marktteilnehmer überhaupt rationale Entscheidungen treffen können. Staatseingriffe können geeignet sein, hier Abhilfe zu schaffen. Die kritischen Aspekte einer solchen „Denn sie wissen nicht was sie tun"–Annahme bedürfen jedoch keiner weiteren Diskussion.

Behördenmitglieder, die den täglichen Umgang mit dem Regelungsapparat pflegen, sind weit besser informiert als die Gründer. Die Informationskosten, die ein Gründer aufwenden muss, um sich mit den notwendigen Informationen zu versorgen, sind den diesbezüglich natürlich qualifizierten Beamten häufig nur schwer verständlich zu machen. Broschüren und Leitfäden können das Problem etwas mildern, sicherlich aber nicht komplett lösen.

---

[54] Gelking (1997)

Eine spezielle Bürokratie-Beratung in der Form kommunaler „One-Stop-Agencies“, wie diese von Skambracks vorgeschlagen wird, birgt in dieser Hinsicht noch ein besonderes Potential, da sie es den Gründern und Gründerinnen ermöglichen würde, sich nicht zu stark von ihrem Tagesgeschäft abwenden zu müssen.[55] Die vorliegende Studie ermittelt daher unter den Befragten die *Zahlungsbereitschaft* für die Einrichtung einer solchen Institution.[56]

Es soll nicht geleugnet werden, dass manche Gründungswillige für ihr Vorhaben völlig ungeeignet sind. Dass die Bürokratie an dieser Stelle den richtigen Selektionsmechanismus stellt, wird allerdings stark in Zweifel gestellt. Warum sollte ein findiger Unternehmer ein guter Bürokrat sein? Auch braucht sich eine Person mit hoher sozialer Verantwortung nicht als Virtuose im Umgang mit dem Regeldschungel einer Gesellschaft auszuzeichnen.

In der Untersuchung zeigte es sich wiederholt, dass verschiedene Behörden miteinander in Kompetenzstreitigkeiten verfallen. Dies stellt die Gründer vor erhebliche Probleme, da auf der einen Seite erwartet wird, dass sie sich mit den für sie relevanten Regelungen vertraut machen. Andererseits stoßen sie wiederholt auf Behörden, die ihnen unklare, widersprüchliche und mitunter sogar falsche Aussagen geben. Eine solche Konstellation wird als besonders problematisch angesehen. Auch hier könnte eine „One-Stop-Agency“ die geeignete Schlichtungsstelle sein. Ein weiteres in einigen Behörden bereits realisiertes Mittel sind die sogenannten „runden Tische“. In einem mit einer Baubehörde geführten Gespräch wurde auf diese Einrichtung hingewiesen, die sich dort in der Erprobungsphase befindet. Die dort eingereichten Anträge liegen zur Einsicht aus und werden an einem festgelegten Termin an einem „runden Tisch“, an dem idealerweise alle betroffenen Behörden Platz nehmen, zeitgleich von allen involvierten Ämtern bearbeitet. Auf diese Weise lassen sich die Bearbeitungszeiten drastisch reduzieren.

Schließlich sei noch auf die sogenannten *meritorischen* Güter hingewiesen.[57] Das sind Güter und Regelungen, die der Staat im Interesse der Konsumenten diesen verpflichtend auferlegt. Nach Auffassung der staatlichen Entscheidungsträger herrscht bei den Konsumenten diesen Gütern gegenüber eine Kurzsichtigkeit, die dazu führt, dass diese Güter nach Auffassung der staatlichen Entscheidungsträger zu wenig nachgefragt werden. Im Zusammenhang mit dem Gründungsgeschehen haben beispielsweise Pflichtversicherungen in der Form der

---

[55] Skambracks (1999)

[56] Siehe dazu Abschnitt 3.3 (S. 125 ff.).

[57] Vgl. z.B. Fritsch, Wein & Ewers (1993, S. 251-253).

Gebäudeversicherung oder im Haftpflichtbereich diesen Charakter. Häufig werden diese aus dem gleichen Grunde noch von einem weiteren Regelungsapparat flankiert, der so etwas wie ein Mindestvorsorgeniveau sichern soll. Ein Beispiel sind die Ansprüche, die in der Form von Bauverordnungen an die Gebäudestatik und –sicherheit gestellt werden.

2.4. Dynamischer Wettbewerb

In den vorangegangenen Abschnitten wurden vornehmlich Aspekte diskutiert, die sich für Märkte hinsichtlich ihrer statischen Effizienz ergeben. Dieser Abschnitt befasst sich mit den nicht minder bedeutsamen Aspekten der dynamischen Effizienz einer Wettbewerbsgesellschaft. Unter den meisten Ökonomen herrscht Übereinkunft darüber, dass das Wettbewerbsmodell in der Realität am ehesten Erfolg bei dem Bestreben verspricht, eine effiziente Verteilung der gesellschaftlichen Ressourcen zumindest zu approximieren. Hat sich eine Gesellschaft für die Einrichtung wettbewerblicher Märkte entschieden, so ergeben sich aus dieser Entscheidung Zwangsläufigkeiten, die bei der Politikgestaltung berücksichtigt werden müssen.

So sollte der Staat beispielsweise Unternehmen nicht längerfristig mit denjenigen Gewerberegelungen, Umweltschutzregelungen etc. belasten, die zu einem Verdrängungswettbewerb durch ausländische Unternehmen führen. Die Gründungsdynamik wäre beschränkt und würde mit Abwanderungstendenzen antworten. Gleiches sollten sich zum Beispiel auch Länderregierungen oder Kommunen bewusst sein, wenn zwischen ihnen ein unterschiedliches Regelsystem oder Leistungsangebot besteht. Unterschiede im Leistungsangebot bestehen beispielsweise dann, wenn die Behörden zweier Städte unterschiedlich offen, professionell oder hilfsbereit mit Gründern umgehen. Gespräche mit Gründern haben gezeigt, dass Behörden häufig an verschiedenen Standorten gleiche Sachverhalte sehr unterschiedlich behandeln. Wenngleich dafür vor Ort durchaus gute Gründe geherrscht haben mögen, dürfen Behörden diese Signale nicht ignorieren. Sie sollten ihnen vielmehr ein Ansporn sein, ihr Angebot zu prüfen, zu überarbeiten oder ggf. nach anderen Maßnahmen (z.B. durch Einfluss auf den Gesetzgeber, überregionale Abkommen etc.) Ausschau zu halten. Heterogenitäten, die im Regelungsapparat und den Behördenleistungen zwischen Kommunen, Ländern und Staaten bestehen, müssen daher ernst genommen werden. Die Bedeutung des Images eines Standortes kann zentral für die dortige Gründungsentwicklung sein.[58]

---

[58] Albach (1997)

Es soll in diesem Zusammenhang nicht verschwiegen werden, dass eine Dezentralisierung von Entscheidungen auch Gefahren in sich birgt. Es ist durchaus denkbar, dass sich beispielsweise Kommunen im Wettbewerb um Gründungen oder Unternehmensansiedlungen gegenseitig unterbieten und dadurch diese Unternehmen nicht mit den volkswirtschaftlichen Kosten belastet werden, die sie verursachen. Häufig wird dieser Gefahr in der politischen Diskussion aber ein zu hohes Gewicht verliehen, was nicht zuletzt daran liegen dürfte, dass die betroffenen Behörden und auch die Politiker einem verstärkten Konkurrenzdruck ausweichen möchten.

Ein bislang ebenfalls noch unerwähnter Zusammenhang ist der, dass ab einem gewissen Punkt ein positiver Zusammenhang zwischen der Intensität des Staatseingriffs und der Zunahme der *Schattenwirtschaft* in einer Gesellschaft besteht. Unternehmen und potenzielle Gründer weichen der Steuerlast oder den Kosten der Regulierung aus, indem sie ihre Aktivitäten gegenüber dem Staat zu verbergen versuchen. Dieses Problem ausschließlich damit beheben zu wollen, den Kontrollapparat auszudehnen, würde der zugrundeliegenden Problematik sicher nicht gerecht werden, da es letztlich bei einem nicht effizienten Unterangebot an Gründungen bleiben würde.[59]

Ähnliches gilt für die dynamische Komponente des Wettbewerbs. Ein Regelapparat, der die dynamische Entwicklung einer Wettbewerbsgesellschaft behindert, führt mittelfristig zu einer Verschärfung der Wettbewerbssituation der Gesellschaft als Ganzes. Dieser Aspekt spielt im Bereich von Existenzgründungen aus volkswirtschaftlicher Perspektive eine besondere Rolle, weil die Dynamik, die aus Existenzgründungen hervorgehen soll, als ein zentraler Baustein zur Überwindung struktureller Probleme einer Gesellschaft gesehen wird. Mit Hilfe von Existenzgründungen sollen die verkrusteten Strukturen von innen heraus aufgebrochen werden, die eine Anpassung an die sich rasch verändernden Umweltbedingungen verhindern.[60] Sicherlich gehen dynamische Entwicklungen auch von etablierten Unternehmen aus, alleine für die Erzeugung des dazu notwendigen Konkurrenzdrucks ist eine intakte Gründungslandschaft jedoch bereits bedeutsam. Der volkswirtschaftliche Wert dieser Zusammenhänge liegt auf der Hand. Es ist inzwischen allgemeiner Konsens, dass entwickelte Volkswirtschaften wie die Bundesrepublik Deutschland ihre Konkurrenzfähigkeit nur dann auf einem hohen Niveau längerfristig sichern können, wenn sie in der Lage sind, diesbezüglich Akzente zu setzen.

---

[59] Sieh dazu auch Cassel (1989).

[60] Siehe dazu auch Albach & Hunsdiek (1987).

Eng damit im Zusammenhang steht die Erwartung, dass mit der Neugründung von Unternehmen bedeutende Beschäftigungswirkungen einhergehen. Wenngleich ein eindeutiger empirischer Nachweis dieses Zusammenhangs auf erhebliche datentechnische Probleme stößt,[61] dürfte die prinzipielle Bedeutung von Unternehmensgründungen für den Arbeitsmarkt spätestens dann deutlich werden, wenn man sich vor Augen hält, wie es um eine Wettbewerbsgesellschaft bestellt wäre, wenn das Gründungsgeschehen ausbliebe.

2.5. Staatsversagen

Im vorangegangenen Abschnitt war bei der Diskussion um die Gründe, die zu Marktversagen führen können, bereits mehrfach angeklungen, dass die Beseitigung des Marktversagens durch den Staatseingriff wiederum die Gefahr bergen kann, dass damit mehr Kosten entstehen, als bei Nichtbeseitigung des Marktversagens entstanden wären.

Grundsätzlich kann eine Reihe von Ursachen daran schuld sein, dass in der deutschen Volkswirtschaft größere Regulierung anzutreffen ist, als diese ökonomisch, sozial- oder verteilungspolitisch nötig wäre. In der Ökonomie werden dafür die folgenden zwei Hauptursachen genannt:

1. *Bürokratismus* – inklusive der damit verbundenen Effekte wie *Bürokratieverlagerung.*[62]

2. *Einfluss der Interessengruppen* – inklusive der damit verbundenen Phänomene und Ausprägungen wie *Rent-Seeking* und *Korporatismus.*[63]

---

[61] Vgl. Weitzel (1986).

[62] Vgl. Downs (1965), Niskanen (1971) und Wittkämper (1984).

[63] Vgl. Olson (1968), Tullock (1993), Alemann & Forndran (1983) und Streit (1988).

Abbildung 4: Überregulierung

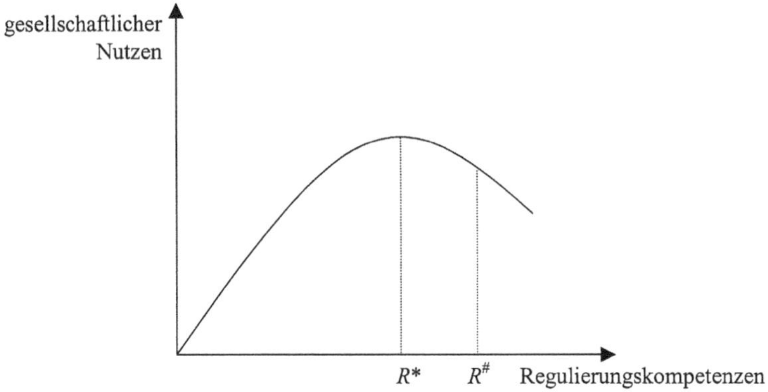

Die nachfolgenden Abschnitte werden zeigen, dass sich demokratische Gesellschaften (und nicht nur die) durch die ihnen inhärente Tendenz ausweisen, das Maß der Regulierungskompetenzen über das optimale Maß R^* hinweg auszudehnen.

2.5.1. Bürokratismus

Die ökonomische Theorie der Bürokratie geht davon aus, dass der Eigennutz der Bürokraten positiv mit dem auf ihren Zuständigkeitsbereich entfallenden Budgetvolumen korreliert ist. Der Nutzen der Ausdehnung besteht für die Bürokraten darin, dass sie damit die Zahl der Ressorts erhöhen, so dass sich die Aufstiegsmöglichkeiten verbessern und die Zahl ihrer Untergebenen, ihr Einfluss, ihr Prestige und ihre Anerkennung steigt.[64] Eine Ausdehnung des gesellschaftlichen Regelungsapparates lässt sich für die Bürokraten häufig leicht begründen, da sie gegenüber den Wählern und den gewählten Politikern einen *Informationsvorteil* bezüglich Kosten und Nutzen der Regulierung haben, den sie zugunsten der Installation eines zu weit ausgedehnten Regulierungsapparates (z.B. Punkt $R^{\#}$ in Abbildung 4) ausnutzen.

Phänomene wie das der *Bürokratieverlagerung* sind ebenfalls aus diesem Bürokratismusproblem abzuleiten.[65] Der Begriff Bürokratieverlagerung beschreibt

---

[64] Siehe dazu auch Fritsch, Wein & Ewers (1993), Frey & Kirchgässner (1994) und Weise et al. (1991).

[65] Wittkämper (1984)

das Problem, dass die öffentliche Hand einen Anreiz hat, Kosten auf den Bürger abzuwälzen. Diese Möglichkeit ist der Bürokratie dann willkommen, wenn die Kompetenzen der Bürokratie nicht eingeschränkt werden. Nach außen hin lassen sich Maßnahmen der Bürokratieverlagerung jedoch leicht als Maßnahmen zur Kosteneinsparung verkaufen, wenn der Staat aufgrund hoher Kosten der Bürokratie unter Legitimationsdruck geraten ist. Als Beispiel mag hier die Zusammenlegung bürokratischer Einrichtungen an zentrale Orte gelten. Sicherlich lassen sich so die Kosten für den Staat senken. Auf der anderen Seite müssen die Bürger dadurch jedoch größere Strecken zurücklegen und so für die Behördengänge mehr Zeit aufwenden. Im ärgsten Fall könnten volkswirtschaftlich gesehen die Einsparungen an Bürokratiekosten sogar durch diese nun vermehrt anfallenden Kosten überkompensiert werden. Diese Kostenseite aber wird bei den Maßnahmen des Staates häufig nicht berücksichtigt.

Neben der Tendenz zur *Budgetmaximierung*, durch die sich bürokratische Einrichtungen auszeichnen, hat noch ein weiteres Ergebnis der ökonomischen Bürokratietheorie besondere Bedeutung für die Gründungsproblematik. Danach orientiert sich die Einstellung, Beförderung und Entlassung des Personals einer Behörde daran, wie normentsprechend sich diese in der Organisation verhalten. Das Einhalten einer Vorschrift wird im Sinne der Zielsetzung einer Behörde natürlich positiv beurteilt, wenn daraus ein positives Ergebnis resultiert. Bei einem negativen Ergebnis drohen keine negativen Konsequenzen, da ja ein regelkonformes Verhalten seitens des Mitgliedes der Behörde vorlag. Anders hingegen bei einem Abweichen von einer Vorschrift. Hier führt ein negatives Ergebnis zu unmittelbar negativen Konsequenzen für den Bürokraten. Positive Ergebnisse abweichenden Verhaltens hingegen bergen häufig immer noch die große Gefahr, persönliche Nachteile hervorzurufen. Aus diesem Grund wundert es nicht, dass Behörden wenig flexibel und innovativ sind.[66]

Dieser theoretische Zusammenhang kann sich auch innerhalb gültiger Vorschriften bemerkbar machen, wie sich in einem Gespräch mit einem Mitarbeiter eines Amtes für Bauordnungen zeigte. Viele Gründer bemängeln die teilweise immens langen Bearbeitungszeiten eines Bauantrages, zu dessen Bearbeitung die Stellungnahmen vieler beteiligter Ämter notwendig sind. Nach den Vorschriften der Bauordnung kann das Bauamt, wenn es innerhalb eines Monats keinen Bescheid von einer beteiligten Stelle bekommt, auf dessen Zustimmung verzichten. Allerdings muss das Bauamt dann den entsprechenden Sachverhalt selber prüfen und für die Konsequenzen einstehen. Dies führt dazu, dass in der Praxis von dieser Möglichkeit, die in einem anderen Gewand durchaus sinnvoll wäre, kein

[66] Weise et al. (1991)

Gebrauch gemacht wird. Für das Bauamt besteht kein Anreiz, die Bearbeitungszeiten für die Antragssteller zu verkürzen.

Hinzu kommt, dass behördliche Regelungen sich auf den Status quo beziehen. Behörden sind auf einen möglichst reibungslosen Umgang mit sich wiederholenden Tätigkeiten ausgerichtet, was nicht etablierten Unternehmen den Umgang mit ihnen erschwert. Bei dynamischen Gründungen (d.h. Gründungen in noch jungen Märkten) ist die Wahrscheinlichkeit größer, dass diese in Bereiche vorstoßen, für die es noch keine Regelungen und Verfahrensvorschriften gibt. Dies führt allerdings nicht dazu, dass diese Unternehmen weniger Probleme haben, sondern im Gegenteil dazu, dass der Regelungsapparat diesbezüglich erst in Gang kommen muss. Es besteht daher Anlass zur Vermutung, dass dynamische Gründer und Gründerinnen eher mit Behörden in Konflikt geraten als Unternehmen, die in traditionellen Märkten tätig sind. Auf der anderen Seite sind gerade die dynamischen Gründungen zur Herbeiführung gesellschaftlich notwendiger Anpassungsprozesse von immenser Wichtigkeit. Sie sind grundlegender Motor zur Erzeugung der *dynamischen Effizienz* einer Gesellschaft.

Es sei explizit darauf hingewiesen, dass die ökonomische Theorie der Bürokratie nicht der Ansicht ist, bei Bürokraten handele es sich um ganz spezifische, eigennützige Menschen. Sie geht im Gegenteil davon aus, dass jeder Mensch, der sich in der gleichen Anreizsituation wie ein Bürokrat befindet, sich auch wie ein Bürokrat verhalten würde.[67] Eine Änderung dieser Situation bedarf daher einer Änderung der Anreizsituation in den Behörden. Das kann beispielsweise bereits dadurch geschehen, dass sich Behörden einer Evaluation unterziehen, auf deren Grundlage Leistungsanreize für Verbesserungen des Angebots fixiert werden können. Ebenso ist zu prüfen, inwieweit Behörden zueinander in einen Wettbewerb gestellt werden können.

So könnten Städte damit werben, wie kurz oder wie lang die Bearbeitungszeiten in ihren Ämtern sind. Die Institution eines Ombudsmanns oder einer Ombudsfrau kann geschaffen werden, um die Möglichkeit zu erheben, gegen bürokratische Übergriffe zu klagen. Letzteres könnte im Existenzgründungsbereich ebenfalls Aufgabe von Verantwortlichen der „One-Stop-Agency“ sein, deren Einflussmöglichkeit keineswegs auf eine reine Hilfestellung begrenzt sein sollte.

Schließlich sind wirtschaftspolitische Instrumente, die das Preissystem verwenden, zu bevorzugen, da sie flexibler auf Begebenheiten der Unternehmen eingehen. Letzterer Zusammenhang wurde bereits unter dem Stichwort Externe Effekte angesprochen. Als Beispiel seien an dieser Stelle Lenkungssteuern (bzw.

---

[67] Siehe beispielsweise Frey & Kirchgässner (1994, S. 173-200).

Lenkungssubventionen) genannt, die etwa zur Regulierung von durch die Produktion von Gütern anfallenden Emissionen eingesetzt werden können. Im Vergleich zu Geboten und Verboten benötigen solche marktwirtschaftlichen Instrumente weniger staatliche Verwaltung, da nicht z.B. Grenzwerte für maximal zulässige Luft- und Wasserverschmutzungen festgelegt oder Maschinentypen, ja sogar einzelne Maschinen auf ihre Umweltverträglichkeit hin aufwendigen Tests unterzogen werden müssen.[68]

2.5.2. Einfluss von Interessenverbänden

Gemäß der zweiten Ursache (*Lobbyismus*) versuchen Interessenverbände, Einfluss auf die politische Gestaltung einer Gesellschaft zu nehmen. Regierung und Verwaltung benötigen zur Verfolgung ihrer Ziele Informationen, die ihnen günstig von den Interessenverbänden zur Verfügung gestellt werden. Auf der anderen Seite erhalten die Interessenverbände dadurch aber Macht, die sie nicht zwangsläufig im Sinne des Kollektivs einsetzen, sondern in erster Linie im Sinne der von ihnen vertretenen Interessengruppe. Auf diesem Weg versuchen Verbände, die Regierung davon zu überzeugen, ihnen Sonderprivilegien zu verleihen. Dieser Weg wird in der Literatur mit „Rent-Seeking“ bezeichnet.[69] Dieser Versuch, über staatliche Interventionen Einkommen in Form von Monopol-Renten zu erzielen, führt zu einer Verschlechterung der gesellschaftlichen Situation. Umverteilungen dieser Art können in der Form von Subventionen, Preisregulierungen oder Mengenbeschränkungen (z.B. durch Lizenzen, Quoten, Genehmigungen) stattfinden.

> „Solche Beschränkungen, welche dem Prinzip der Gewerbefreiheit widersprechen, können von den Interessengruppen nicht allein, sondern nur mit staatlicher Unterstützung durchgesetzt werden. (...)
>
> Bilden sich im Laufe der Zeit immer mehr Interessengruppen in einer Gesellschaft, die erfolgreich Einfluss auf den politischen Prozess nehmen, kann dies bei steigendem Staatsanteil am Sozialprodukt zu einem Sinken der Rate des realen Wirtschaftswachstums und langfristig zur Stagnation führen. Dies wird als ein Grund dafür angeführt, dass ‚junge‘ Staaten mit flexiblen Strukturen – ceteris paribus – eine höhere reale Wachstumsrate aufweisen als ‚alte‘ Staaten mit verkrusteten Strukturen. Man spricht in diesem Zusammenhang von der *Sklerose* einer Wirtschaft ...“.[70]

In einem engen Zusammenhang mit der Theorie der Interessensverbände steht die Idee des *Korporatismus*. Unter Korporatismus wird die gezielte wirtschafts-

---

[68] Vgl. Frey & Kirchgässner (1994, S. 191-198)

[69] Tullock (1993)

[70] Frey & Kirchgässner (1994, S. 211 f.)

politische Einbindung von Interessenverbänden verstanden, die in der Bundesrepublik (noch stärker in Österreich) und auch auf EU-Ebene große Zustimmung findet. Eine solche explizite Einbindung hat zwar den bereits erwähnten Vorteil, dass Politiker und Staatsvertreter leichteren Zugang zu den Informationen der Interessenverbände erhalten und dass auf der anderen Seite die Interessenverbände stärker in die Verantwortung genommen werden. Schwerwiegender Nachteil der korporativen Praxis ist jedoch vor allem die unterschiedliche Organisierbarkeit der Teilnehmer an den Verhandlungen. Die Interessen der Konsumenten und Steuerzahler lassen sich aufgrund ihrer heterogenen Struktur nur schwer vertreten, so dass Einigungen häufig zu deren Lasten gehen. Gleiches gilt für Jugendliche, zukünftige Generationen und eben Gründungswillige, die sich noch nicht verbandsmäßig organisiert haben. Einigungen erfolgen dort typischerweise noch auf dem kleinsten gemeinsamen Nenner. Weitreichende Reformen lassen sich nicht erreichen.

2.6. Zwischenergebnisse (permanenter Revisionsbedarf)

Bereits die auf die Gründungsproblematik zugeschnittene theoretische Analyse administrativer Kompetenzen hat gezeigt, dass wohlfundierte Gründe zu der Annahme bestehen, dass modernen Wirtschaftsgesellschaften die Tendenz zur Überregulierung inhärent ist. Zudem wurde eine Reihe von Bereichen genannt, in denen weniger Staatseingriff von gesellschaftlichem Nutzen wäre. Explizite Kosten- und Nutzen-Analysen sind in diesem Zusammenhang nicht essentiell, da häufig allein argumentativ die Vorteile sichtbar werden oder aber ein Blick auf wettbewerbliche Lösungen in anderen Ländern zeigt, dass viele Befürchtungen unberechtigt sind. Vor dem Hintergrund der bisherigen Ausführungen lassen sich die folgenden Zwischenergebnisse festhalten:

- Bei der Beurteilung einer gesetzlichen Regelung sind nach Möglichkeit *sämtliche Kosten* (auch Transaktionskosten wie z.B. Verwaltungskosten) *und Nutzen* (auch der Nutzen für Dritte) in die Betrachtung einzubeziehen.

- Um sämtliche administrative Kompetenzen in ihrer Wirkung erfassen zu können, ist eine Erweiterung des Administrationsbegriffs von primären Kompetenzen (Bereich der Behörden) um die sekundären Kompetenzen (z.B. Körperschaften öffentlichen Rechts, Verbände, Banken) im Gründungsbereich nötig. Da hinsichtlich des sekundären Bereichs nicht unerhebliche Abgrenzungsschwierigkeiten bestehen, konzentriert sich die vorliegende Studie vorwiegend auf den primären Bereich administrativer Regelungen. Die für die Gründer in dieser Studie ausgemachten Belastungen stellen aus diesem Grund nur eine *Mindestbelastung* dar.

- Hemmnisse für die Gründungslandschaft können nicht nur durch die Existenz von Regelungen hervorgerufen werden, sondern auch durch deren Nicht-Existenz, wenn beispielsweise durch unterlassene Schutz- oder Hilfsmaßnahmen seitens des Staates die Zahl der Gründungen unter das gesellschaftlich wünschenswerte Maß zurückfällt und es dadurch zu einer Unterversorgung kommt.

- Eine staatliche Unterstützung des Gründungsgeschehens rechtfertigt sich insbesondere aufgrund der daraus hervorgehenden positiven Externen Effekte für die Gesellschaft sowie aus existierenden Größennachteilen, den herrschenden Informationsasymmetrien im Finanzierungsbereich und den Anpassungsproblemen bei der Aufnahme der Geschäftstätigkeit. Sinnvolle Maßnahmen auf *Behördenebene* sind in diesem Zusammenhang die folgenden:

  - Karenzzeiten zur Überbrückung von Anlaufschwierigkeiten und eine

  - One-Stop-Agency, deren gesellschaftlicher Nutzen im weiteren Verlauf der Studie noch näher bestimmt werden soll. Eine solche Instanz muss aber mit entsprechenden Kompetenzen ausgestattet werden und aktiv an Verbesserungen des Regelapparates mitarbeiten können. Die von WSF/Econ-Consult gestellten Bedingungen an eine solche Agency müssen unbedingt erfüllt sein.[71]

  - Weitere Rationalisierungen in der Ablauforganisation und Verbesserungen im Service der Behörden. Einführung von Leistungsanreizen und wettbewerblichen Komponenten (Transparenz der Behördenleistungen zum Leistungsvergleich) zur Verbesserung des Angebots.

- Ansatzpunkte für eine Reform des *Regelapparates* wurden vor allem für die folgenden Bereiche diskutiert:

  - Hinsichtlich negativer Externer Effekte im Bereich der Produktion von Gütern und Dienstleistungen sowie bezüglich der Existenz von Informationsasymmetrien bei der Qualität der angebotenen Leistungen könnte auf eine Vielzahl von gesetzlichen Regelungen wie Vorschriften, Auflagen und Qualifikationsanforderungen verzichtet werden. Wo diese als nicht vermeidbar betrachtet werden, ließen sich viele durch eine Veränderung im Bereich des Produkthaftungsrechts ersetzen. Zudem sollten marktkonforme Lenkungssteuern (bzw. Lenkungssubventionen) Regulierungen dort weitgehend ersetzen, wo dies aus gesamtwirtschaftlicher Sicht sinn-

---

[71] WSF/Econ-Consult (1999, S. 106)

voll erscheint, da solche marktwirtschaftlichen Instrumente weniger staatliche Verwaltung benötigen.

- Um ein Umdenken in den Köpfen zu erwirken und die Verantwortlichen für die Kosten des Regelapparates zu sensibilisieren, sind derartige marktkonforme Instrumente ebenso offen zu diskutieren, wie etwa die Vorzüge eines leistungsorientierten Anreizsystems innerhalb der Behörden. Das Rationalisierungspotential dieser Maßnahmen dürfte enorm sein, der Widerstand ihnen gegenüber jedoch ebenfalls. Zu große Schritte sind daher kaum praktikabel, dennoch sollte aber eine permanente Revision unter Einbezug von wirtschaftspolitischen Experten erfolgen.

- Ein großer Teil der unter dem Begriff Marktaufsicht zusammengefassten Maßnahmen (z.B. Werbeverbote, Geschäftszeitenregelung) steht unter dem Verdacht, dass sie eher den Marktzutritt behindern, als geeignet sind, ihrer vermeintlichen Bestimmung zuträglich zu sein, d.h. dem Verbraucherschutz oder dem Schutz der Angestellten zu dienen.

- Unter dem gleichen Verdacht stehen Kontingentierungen, wie beispielsweise die Vergabe von Lizenzen im Taxigewerbe.

- Bei der Vergabe von Förderdarlehen, Kreditausfallbürgschaften usw. muss noch stärker ein System entworfen werden, in dem die Risikominimierung bei der Kreditvergabe nicht das zentrale Gewicht erhalten darf. Ansonsten würden weiterhin die besonders wünschenswerten dynamischen (strukturverändernden) Gründungen (neue Märkte) systematisch benachteiligt.

- Die Verantwortlichen müssen sich im Klaren darüber sein, dass Heterogenitäten (regionale und überregionale) des Regelungsapparates im Wettbewerb der Administrationen zu Wanderungstendenzen führen. Heterogenitäten sind daher ein wichtiges Signal für eine Evaluation des Angebots.

- Gründungen in dynamischen Märkten kommen eher mit Behörden in Konflikt als Gründungen in traditionellen Märkten, da Behörden eher konservativ operieren.

- Es konnte eine Tendenz zur Überbürokratisierung abgeleitet werden. Die Gründe dafür sind insbesondere Bürokratismus und der Einfluss von Interessengruppen. Korporatistische Lösungsversuche können einen Reformstau begünstigen, der zudem noch durch die Tatsache verstärkt wird, dass ein gewisser Gewöhnungseffekt oft die Einsicht in die Notwendigkeit einer Veränderung verschleiert.

Vor allem aufgrund des letztgenannten Ergebnisses kann in der vorliegenden Studie nicht die Ansicht geteilt werden, dass die tatsächliche Bedeutung administrativer Hemmnisse geringer ist als unterstellt.[72] Als sehr problematisch empfinden wir sogar die Auffassung, dass hinsichtlich der Existenz administrativer Hemmnisse „Entwarnung"[73] gegeben werden kann. Wir vertreten vielmehr die Meinung, dass aufgrund der inhärenten Tendenz zur Überregulierung ein permanenter Revisionsbedarf besteht. Da solche Prozesse Zeit in Anspruch nehmen, ist allenfalls aus pragmatischen Gründen zu raten, kurzfristige Lösungen in einer besseren Vorbereitung der Gründungen durch die Gründer und in mehr Service- bzw. Kundenorientierung der Behörden zu suchen.[74]

Die nachfolgende empirische Untersuchung will über eine Gewichtung der Regelungen, die den Unternehmensgründungen Probleme bereiten, lokalisieren, wo diese Verbesserungen mit der größten Hebelwirkung erfolgen könnten. Darüber hinaus soll vor allem untersucht werden,

- wie hoch die direkten und indirekten Kosten der einzelnen Regelungsbereiche sind,
- welche Heterogenitäten in den Behördenleistungen sich feststellen lassen,
- ob und inwieweit dynamische Gründungen eher betroffen sind als Gründungen in traditionellen Märkten,
- wie häufig sich Gründer gezwungen sehen, gegen Regeln zu verstoßen,
- wie hoch die Akzeptanz des Regelwerks unter den Gründern ist und
- wie hoch die Zahlungsbereitschaft für eine „One-Stop-Agency" ist.

Außerdem werden an geeigneten Stellen Regelungen näher bestimmt, die aufgrund des theoretischen Vorspanns als besonders reformbedürftig gelten. Darüber hinaus sind selbstverständlich sämtliche Deregulierungsbemühungen, wie diese beispielsweise vom Sachverständigenrat „Schlanker Staat" zur Modernisierung von Staat und Verwaltung vorgeschlagen wurden, Maßnahmen mit Relevanz auch für das Gründungsgeschehen in Deutschland. Dazu zählen vor allem eine striktere Anwendung des Subsidiaritäts-Prinzips (d.h. staatliche Ver-

---

[72] So z.B. in WSF/Econ-Consult (1999, S. 88).

[73] Institut für Mittelstandsforschung (1997, S. 156)

[74] WSF/Econ-Consult (1999, S. 88)

antwortung nur dort, wo die dezentralen Einheiten, z.B. Konsumenten, versagen) und mehr Mut zu wettbewerblichen Lösungen.[75]

[75] Sachverständigenrat (1998b). Siehe auch die Diskussion in WSF/Econ-Consult (1999, S. 100 ff.), die zu einer anderen Einschätzung der Entbürokratisierungsmöglichkeiten innerhalb Deutschlands kommen.

3. EMPIRISCHER TEIL

3.1. Datenbasis und Struktur der Befragten

3.1.1. Förderjahrgang, Wirtschaftszweig, Bundesland, Alter, Geschlecht und Unternehmensgröße

Die vorliegende Untersuchung bezieht ihre Datenbasis aus der Studie „Gründungsbremse Bürokratie“, welche von der Deutschen Ausgleichsbank im Frühjahr 1998 durchgeführt wurde.[76] Damals wurden aus dem DtA-Gründerpanel 6389 Personen ausgewählt, denen ein schriftlicher Fragebogen zu ihren Erfahrungen mit der Bürokratie zugeleitet wurde. Es antworteten 2588 Personen. Eine Frage lautete „Wären Sie bereit, uns „Ihren Fall“ persönlich zu schildern?“. Knapp 700 Personen antworteten auf diese Frage mit „Ja“. Dieser Personenkreis wurde im Sommer 1999 von der Deutschen Ausgleichsbank und der Universität GH Essen angeschrieben und um die Teilnahme an der vorliegenden Untersuchung gebeten.

Tabelle 1: Struktur der Befragten nach Förderjahrgang, -zweck und Wirtschaftszweig

Merkmal	**Ausprägung**	**Anzahl** absolut	in Prozent
Förderjahrgang		**316**	
	1992	58	18,4
	1994	91	28,8
	1996	167	52,8
Förderzweck		**316**	
	Errichtung	254	80,4
	Übernahme	52	16,5
	Beteiligung	10	3,2
Wirtschaftszweig		**316**	
	Verarbeitendes Gewerbe	25	7,9
	Baugewerbe	67	21,2
	Handel	74	23,4
	Gastgewerbe	40	12,7
	Verkehr und Nachrichten	8	2,5
	Dienstleistungen	67	21,2
	Gesundheit	35	11,1

[76] Vgl. Skambracks (1999). Zu Inhalt und Aufbau des DtA-Gründerpanels siehe ebenfalls Skambracks (1999, S. 7)

352 der angeschriebenen Personen gaben ihr schriftliches Einverständnis zu einem telefonischen Interview, bei 36 von ihnen kam allerdings aus verschiedenen Gründen kein Interview zustande.[77] Letztendlich nahmen 316 Befragte an der Untersuchung teil.

Von den 316 Befragten stammten 58 aus dem Förderjahrgang 1992, 91 aus dem Jahr 1994 und 167 Personen haben im Jahr 1996 ihre Zusage zur Förderung über die Eigenkapitalhilfe der DtA erhalten. Bei den hier untersuchten Gründungsvorhaben handelte es sich in 254 Fällen um die Errichtung eines Unternehmens, in 52 Fällen um eine Übernahme und in 10 Fällen war eine Beteiligung der Zweck der Förderung. Handel, Baugewerbe und Dienstleistungsgewerbe stellen mit jeweils mehr als 20 Prozent die am meisten vertretenen Wirtschaftszweige dar. Gastgewerbe und Gesundheitssektor nehmen jeweils ungefähr 12 Prozent ein, während das Verarbeitende Gewerbe mit 8 Prozent und der Sektor Verkehr und Nachrichten mit weniger als 3 Prozent nur gering vertreten sind (vgl. Tabelle 1).

Vergleicht man die Struktur der Befragten mit derjenigen der Teilnehmer an der Basisstudie, so fällt auf, dass in der vorliegenden Untersuchung der Förderjahrgang 1996 stärker vertreten ist. Die Anteile der verschiedenen Förderzwecke hingegen entsprechen denen der vorhergehenden Befragung. Hinsichtlich der Wirtschaftszweige wurde eine leicht veränderte Klassifikation vorgenommen. Da sich während der Telefoninterviews herausstellte, dass Gastgewerbe und Gesundheitssektor zum einen sehr stark vertreten waren und zum anderen spezifische Probleme im Umgang mit administrativen Regelungen in diesen Sektoren auftraten, wurden sie als separate Wirtschaftszweige erfasst. Aus diesem Grund lassen sich die beiden Studien hinsichtlich dieses Klassifikationskriteriums nicht vergleichen.

44 Prozent der Befragten gründeten ihr Unternehmen in den neuen Bundesländern, 56 Prozent im Westen Deutschlands. Unter Berücksichtigung ihrer Einwohnerzahlen sind die einzelnen Bundesländer hierbei recht unterschiedlich vertreten. Baden-Württemberg, Bayern, Nordrhein-Westfalen, Sachsen und Thüringen sind überdurchschnittlich präsent, die Stadtstaaten sowie Schleswig-Holstein, das Saarland, Rheinland-Pfalz und Hessen hingegen unterdurchschnittlich (vgl. Tabelle 2).

[77] In der Hauptsache lagen die Gründe in der mangelnden Bereitschaft der angesprochenen Personen bei der konkreten Frage nach einer Teilnahme am Telefoninterview sowie in der Unerreichbarkeit der Teilnehmer.

Tabelle 2: Struktur der Befragten nach Bundesländern

Bundesland	Anzahl absolut	Anzahl in Prozent
	316	
Baden-Württemberg	47	14,9
Bayern	35	11,1
Bremen	2	0,6
Hamburg	4	1,3
Hessen	14	4,4
Niedersachsen	18	5,7
Nordrhein-Westfalen	38	12,0
Rheinland-Pfalz	12	3,8
Schleswig-Holstein	5	1,6
Saarland	1	0,3
Berlin West	1	0,3
Summe Westdeutschland	177	56,0
Brandenburg	24	7,6
Mecklenburg-Vorpommern	21	6,6
Sachsen	39	12,3
Sachsen-Anhalt	22	7,0
Thüringen	29	9,2
Berlin Ost	4	1,3
Summe Ostdeutschland	139	44,0

Der Anteil der ostdeutschen Unternehmen ist geringfügig niedriger als in der Basisstudie. Auch die Aufteilung nach Bundesländern entspricht weitestgehend der in Skambracks festgehaltenen Struktur.[78]

Mit etwa 25 zu 75 Prozent entspricht die Aufteilung in weibliche und männliche Befragte ebenfalls der Basisstudie.[79] Gleiches gilt für die Altersstruktur, mit der Einschränkung, dass Gründer, die jünger als 30 Jahre sind, in der vorliegenden Studie einen höheren Anteil haben als in der vorhergehenden Untersuchung (vgl. Tabelle 3). Auch im Vergleich zu den Angaben in Frick et al. fällt der höhere Anteil an jüngeren Gründern auf.[80] Die von Maisberger befragten Gründer

[78] Vgl. Skambracks (1999, S. 9).

[79] Eine Frauenquote zwischen 23 und 28 Prozent stellen auch andere Untersuchungen zum Anteil der Frauen an den Selbständigen in Deutschland fest. Vgl. hierzu Frick et al. (1998, S. 54), Institut für Mittelstandsforschung (1997, S. 17) sowie Deutsche Ausgleichsbank (2000, S. 13).

[80] Frick et al. (1998, S. 54)

dagegen waren jünger als diejenigen in der hier vorliegenden Studie.[81]

Tabelle 3: Struktur der Befragten nach persönlichen Faktoren

	Anzahl	
	absolut	in Prozent
Geschlecht	**316**	
weiblich	81	25,6
männlich	235	74,4
Alter	**316**	
jünger als 20	0	
20 bis jünger als 30	35	11,1
30 bis jünger als 40	154	48,7
40 bis jünger als 50	92	29,1
50 und älter	35	11,1

Erklärungen: Zeitraumbezogene Daten beziehen sich in der gesamten Untersuchung auf das Jahr 1997, da zum Zeitpunkt der Durchführung der Studie einige Zahlen für 1998 lediglich als Prognosewerte vorlagen. Analog beziehen sich die zeitpunktbezogenen Daten stets auf den Stichtag 31.06.1997. Diese Festlegung ist beliebig und hat keinerlei Einfluss auf die Untersuchungsergebnisse.

Die geplante bzw. die realisierte Größe des Unternehmens ist eine wichtige Einflussgröße auf die Belastung eines Unternehmens durch diverse Regelungen und Vorschriften. Es stehen in der Datenbasis mehrere Variablen zur Abbildung dieser Größe zur Verfügung. Tabelle 4 beschreibt die Struktur der Befragten anhand der Beschäftigten, des Umsatzes und der geplanten Investitionssumme.[82] Es wird im folgenden zu diskutieren sein, welche dieser Größen für eine empirische Untersuchung am geeignetesten ist.

Hinsichtlich der Unternehmensgröße ist festzustellen, dass im Vergleich zur Basisstudie die Unternehmen mit weniger Beschäftigten überdurchschnittlich oft an den Telefoninterviews teilnahmen. Nur 17 Prozent der Befragten hatten mehr als 10 Beschäftigte, in der Basisstudie waren es fast 23 Prozent. Die Aufteilung in Umsatzklassen hingegen entspricht bis auf geringe Abweichungen derjenigen in der Basisgruppe. Auch die Anteile der einzelnen Größenklassen bei der Investitionssumme sind mit denen aus der Basisstudie weitgehend identisch. Allerdings ist zu beobachten, dass der Anteil der Gründer mit einer Investitionssum-

[81] Es ist allerdings zu beachten, dass in der Studie von Maisberger (1998) Personen befragt werden, die vor nicht länger als 3 Jahren ein Unternehmen gegründet haben. In der vorliegenden Studie liegen zwischen Gründung und dem Stichtag für das Alter 1 bis 5 Jahre.

[82] Zu diesen Größen liegen nicht für alle Befragten Daten vor. Entsprechend variiert die Summe der Beobachtungen für die einzelnen Variablen.

me bis 100 TDEM in der vorliegenden Studie kleiner und der Anteil derjenigen, die mehr als 800 TDEM investiert haben, größer ist als in der Studie von Skambracks.[83]

Tabelle 4: Struktur der Befragten nach Unternehmensgröße

	Anzahl	
	absolut	in Prozent
Beschäftigte	**(N = 306)**	
keine Beschäftigten	37	12,1
bis 2 Beschäftigte	103	33,7
3 bis 5 Beschäftigte	74	24,2
6 bis 10 Beschäftigte	40	13,1
mehr als 10 Beschäftigte	52	17,0
Umsatz	**(N = 291)**	
bis 200 TDEM	75	25,8
mehr als 200 bis 400 TDEM	63	21,6
mehr als 400 bis 800 TDEM	66	22,7
mehr als 800 bis 1600 TDEM	39	13,4
mehr als 1600 TDEM	48	16,5
Investitionssumme	**(N = 316)**	
bis 100 TDEM	79	25,0
mehr als 100 bis 200 TDEM	73	23,1
mehr als 200 bis 400 TDEM	68	21,5
mehr als 400 bis 800 TDEM	52	16,5
mehr als 800 TDEM	44	13,9

Zusammenfassend lässt sich festhalten, dass die Struktur der hier Befragten bis auf einige wenige Ausnahmen[84] derjenigen aus der Basisstudie entspricht. Aufgrund dieser Ergebnisse kann auch für diese Studie, unter Beachtung der genannten Einschränkungen, die These aufgestellt werden, dass die Verteilung der Merkmale dieser Gruppe der Verteilung dieser Merkmale im DtA-Gründerpanel

[83] Skambracks (1999)

[84] Am auffälligsten ist der hohe Anteil von Teilnehmern aus dem jüngsten Förderjahr. Eine mögliche Erklärung hierfür wäre, dass dieser Jahrgang überproportional belastet ist und sich deshalb auch häufiger zu Wort meldet als die anderen Förderjahrgänge. Die späteren Untersuchungen liefern allerdings keinen Beleg für diese Hypothese. Ein höherer Anteil an Teilnehmern aus dem jüngsten Förderjahrgang ist aber auch deshalb verständlich, weil dieser Personenkreis noch viel näher an den Geschehnissen der unmittelbaren Gründungszeit ist und ihm die eventuell aufgetretenen Schwierigkeiten in Zusammenhang mit administrativen Regelungen sicher noch genauer im Gedächtnis geblieben sind als den Personen, deren Gründung zum Befragungszeitpunkt bereits 5 bzw. 7 Jahre zurücklag. Entsprechend wird auch die Bereitschaft zur Teilnahme an einer Befragung zu dieser Thematik höher sein.

entspricht. Es ist jedoch kritisch zu diskutieren, ob ein durch Eigenkapitalhilfe der DtA geförderter Gründer als typischer Existenzgründer angesehen werden kann. Eine vorsichtige Interpretation der vorliegenden Ergebnisse erscheint angebracht.[85]

3.1.2. Kenntnisstand der Gründer und Gründerinnen, dynamische Struktur und Regelverstoß

Bevor auf das Kernstück des Fragebogens näher eingegangen wird, mit dessen Hilfe eine Beurteilung von Relevanz und Grad der Behinderung verschiedenster administrativer Regelungen erfolgen soll, befasst sich dieser Abschnitt mit zusätzlichen Informationen, die ein vertieftes Bild über die der Untersuchung vorliegende Stichprobe geben sollen.[86]

Die Tabelle 5 gibt eine Übersicht über den Kenntnisstand der Befragten:

Tabelle 5: Kenntnisse und Schulabschluss

	Anzahl (N = 316)	
	absolut	in Prozent
Kaufmännische Kenntnisse	230	72,8
Branchenkenntnisse	278	88,0
Unternehmerische Kenntnisse	144	45,6
Höchster Schulabschluss		
Volks-, Hauptschulabschluss	59	18,7
Mittlere Reife, Realschulabschluss	92	29,1
Fachabitur	13	4,1
Abitur	25	7,9
Abgeschlossenes Fachhochschulstudium	38	12,0
Abgeschlossenes Studium Universität	79	25,0
Sonstiges	10	3,2

Bezüglich der Kenntnisse bestätigen die Zahlen recht deutlich die von Maisberger und WSF/Econ-Consult ebenfalls belegte Aussage, dass es sich bei Existenzgründern in der Regel nicht um „Grünschnäbel“ handelt, sondern um qualifizierte Personen.[87] Auffallend ist auch ein hoher Anteil an Personen mit abgeschlossenem Universitäts- oder Fachhochschulstudium.

---

[85] Vgl. hierzu auch die von Skambracks (1999, S.7) aufgezeigten Einschränkungen.

[86] Der verwendete Fragebogen befindet sich im Anhang auf Seite 147.

[87] Maisberger (1998) und WSF/Econ-Consult (1999)

In einem Punkt allerdings unterscheiden sich die Befragten deutlich von anderen Studien: 34 Prozent der Befragten gaben an, dass die Zahlung von Überbrückungsgeld durch das Arbeitsamt ein relevanter Faktor für sie gewesen sei. Empfänger von Überbrückungsgeld sind aber immer auch Personen, die ihre Gründung aus einer Situation der Arbeitslosigkeit vornahmen. Dieser Wert ist erheblich höher als in anderen Untersuchungen. So sind es zum Beispiel bei Maisberger 21,8 Prozent.[88] Da dieser Aspekt bisher in Untersuchungen auf Grundlage des DtA-Gründerpanels nicht erfasst wurde, kann hier keine Aussage darüber getroffen werden, ob dieser hohe Wert ein Charakteristikum der vorliegenden Studie allein oder vielmehr ein typisches Merkmal für DtA-geförderte Unternehmensgründer ist.

Von den 316 befragten Unternehmen sahen 246 den räumlichen Schwerpunkt ihrer Tätigkeit im regionalen Bereich,[89] 57 im bundesweiten Bereich und 13 Unternehmen sind international ausgerichtet. Mehr als 3 Viertel der befragten Unternehmen konzentriert sich also bei seinen Aktivitäten auf den räumlichen Nahbereich und lediglich 4 von 100 Unternehmen richten ihre Tätigkeit auf internationale Märkte aus. Die Tabelle 6 zeigt die Antworten auf die Frage nach der Intensität des Wettbewerbs mit den Konkurrenten. Die Mehrheit sieht sich einem starken bis sehr starken Konkurrenzdruck ausgesetzt.

Tabelle 6: Intensität des Wettbewerbs mit den Konkurrenten

	Anzahl	
	absolut	in Prozent
Wettbewerbsintensität	**(N = 312)**	
Gar nicht	9	2,9
Sehr schwach	12	3,8
Schwach	29	9,3
Mittel	78	25,0
Stark	72	23,1
Sehr stark	112	35,9

Um einen Einblick darin zu bekommen, wie hoch der Anteil *dynamischer Gründungen* (Gründungen in noch jüngeren Märkten) unter den Befragten war, und um die Probleme dieser Gruppe in den späteren statistischen Untersuchungen separat erfassen zu können, wurden im Fragebogen drei Fragen gestellt, die geeignet schienen, diese Gruppe näher bestimmen zu können. Einmal wurde da-

88 Maisberger (1998, S.23)

89 Als „regionaler Bereich“ wird ein Radius von 50 km um den Firmensitz bezeichnet.

nach gefragt, ob das neu gegründete Unternehmen zu den ersten 3 Unternehmen gehörte, die das Produkt bzw. die Dienstleistung angeboten haben. Von den 316 Unternehmen beantworteten 122 Unternehmen diese Frage für den regionalen Bereich mit „Ja“, 2 Unternehmen machten keine Angabe. Rund 39 Prozent der Befragten gehört also im regionalen Bereich zu den ersten 3 Unternehmen. Von den 122 Unternehmen sind 11 Befragte (das sind 3,5 Prozent aller Befragten) auch auf bundesweitem Gebiet unter den ersten 3, im internationalen Bereich sind es noch 6 Unternehmen (1,9 Prozent aller Befragten). Zweitens wurden die Unternehmensgründer gebeten, das Alter des für sie relevanten Marktes anzugeben (vgl. die Tabelle 7).[90] Über 70 Prozent der Gründer agiert auf Märkten, die im regionalen Bereich bereits mehr als 20 Jahre existieren.

Tabelle 7: Alter des relevanten Marktes

	Anzahl	
	absolut	in Prozent
Alter des relevanten Marktes	**(N = 313)**	
Weniger als 3 Jahre	7	2,2
3 bis weniger als 10 Jahre	60	19,2
10 bis weniger als 20 Jahre	21	6,7
Mehr als 20 Jahre	225	71,9

Die Gründer sollten weiterhin angeben, ob im Rahmen ihrer Gründung Regelungen zum Schutz von geistigem, gewerblichem Eigentum oder Urheberrecht anfielen. 39 Befragte bejahten dies, das sind immerhin 12,3 Prozent aller interviewten Personen. Bei näherem Hinsehen zeigte sich jedoch, dass hiervon allein 8 Personen richtigerweise auf die GEMA-Gebühren hinwiesen, die sie zu zahlen hatten, um ihre Verkaufsräume zu beschallen. Da nicht auszuschließen ist, dass auch weitere Nennungen ähnliche Fälle beschreiben, scheint diese Größe nicht geeignet, den Grad der Innovationsfreudigkeit der befragten Unternehmen abzubilden. Insgesamt muss festgehalten werden, dass innovative Unternehmen nach dem strengen Kriterium einer nicht nur regionalen Produktinnovation nur einen geringen Teil der hier befragten Existenzgründer ausmachen. Hierbei ist allerdings zu beachten, dass die Deutsche Ausgleichsbank (DtA) innovative Gründer, speziell aus der High-Tech-Branche, seit 1989 bevorzugt über die Technologie-Beteiligungs-Gesellschaft fördert.[91] Infolgedessen sollte der geringe Anteil

[90] Diese Frage bezieht sich auf den relevanten Markt und nicht mehr auf das angebotene Produkt oder die Dienstleistung. So gehört z.B. ein Schreiner, der einen neu konzipierten Schreibtisch anbietet, zu den ersten 3 Unternehmen, die dies tun, er agiert aber trotzdem in einem traditionellen Markt.

[91] Deutsche Ausgleichsbank (2000)

innovativer Unternehmen nicht verwundern. Der Anteil der Gründungen, die in Märkten getätigt wurden, die älter als 20 Jahre waren, lag nach einer Studie von Brüggelambert, wo eine Befragung unter IHK-Mitgliedern erfolgte, beispielsweise lediglich bei 51 %.[92] Indem in dieser Untersuchung eine Unterscheidung zwischen neuen Märkten (maximal 20 Jahre existent) und traditionellen Märkten (älter als 20 Jahre) vorgenommen wird, kommt ein weniger strenges Kriterium zur Geltung. Angesichts der schwachen Besetzungszahlen in den jüngeren Kategorien schien eine solche Vorgehensweise jedoch gegeben. Es steht allerdings zu erwarten, dass sich dieser Umstand negativ auf die Bestätigung der Hypothese auswirken wird, dass dynamische Gründungen eher mit behördlichen Problemen zu kämpfen haben.

Von den befragten Unternehmern gaben 15,2 Prozent an, dass sie gegen Regelungen verstoßen mussten, um ihr Unternehmen in der von ihnen beabsichtigten Art und Weise gründen zu können. Diese Zahl liegt erheblich unter dem von Brüggelambert ermittelten Anteil. Dort erklärte ungefähr ein Drittel der Befragten, dass sie sich (bewusst oder unbewusst) gezwungen sahen, gegen gesetzliche Regelungen zu verstoßen.[93] Es muss davon ausgegangen werden, dass die unterschiedliche Grundgesamtheit[94] sowie insbesondere die Tatsache, dass es sich bei Brüggelambert um eine völlig anonyme Stellungnahme handelte, für diesen großen Unterschied verantwortlich ist. Die Unternehmen, die angaben, gegen Regelungen verstoßen zu haben, wurden weiterhin danach befragt, wie stark eine Beachtung dieser Regelungen ihr Gründungsvorhaben behindert hätte. Über die Hälfte wählte die stärkste Kategorie, weitere 23 Prozent gaben an, dass die Gründung bei Beachtung der Regelung stark gefährdet gewesen wäre. Dies kann als Zeichen dafür gewertet werden, dass Verstöße gegen bestehende Regelungen von den Gründern nicht als Lappalie angesehen werden, sondern nur bei starker Gefährdung ihrer Gründungsabsicht auf sich genommen werden. Immerhin jede siebte Gründung ist nach Meinung der Befragten durch bestehende Regelungen so stark gefährdet, dass das Projekt nur über einen Regelverstoß realisiert werden konnte.

---

[92] Brüggelambert (2000, S. 10)

[93] Brüggelambert (2000, S. 7)

[94] So kann es z.B. in dem Auswahlverfahren zur Förderung durch die DtA begründet liegen, dass ein bestimmter Gründungstypus im DtA-Panel stärker vertreten ist. (Je nach subjektiver Bewertung würde man diesen Typus als den kompetenteren Gründer oder als den angepassteren, risikoaversen Typus bezeichnen.) Angaben, inwieweit sich Gründer, die über die Eigenkapitalhilfe gefördert werden, von nicht-geförderten Gründern unterscheiden, liegen leider nicht vor.

3.2. Bedeutung und Bewertung von administrativen Regelungen im Gründungsprozess

Die Interviewteilnehmer wurden zu ihren Erfahrungen mit administrativen Regelungen befragt. Die Regelungen wurden hierbei in 4 Hauptbereiche gegliedert:

1. Regelungen aus dem Bereich der Gewerbeaufsicht,
2. Regelungen, die dem Bereich Fiskus / Steuern zuzuordnen sind,
3. Regelungen in Zusammenhang mit der Einstellung von Beschäftigten und
4. Regelungen der Marktaufsicht.

In jedem der Bereiche wurden unterschiedliche Daten ermittelt. So ist z.B. die Frage nach der Relevanz der Regelung bei der Zahlung von Einkommen- bzw. Umsatzsteuer überflüssig, da sie wohl für jeden Gründer Relevanz hat. Somit wurde in dem Bereich Fiskus / Steuern lediglich nach besonderen Problemen und nicht nach der Relevanz gefragt. Aufgrund der Unterschiedlichkeit der einzelnen Hauptbereiche wird hier so vorgegangen, dass jeder der 4 Bereiche separat behandelt wird.

3.2.1. Regelungen aus dem Bereich der Gewerbeaufsicht

3.2.1.1. Relevanz und Grad der Behinderung der einzelnen Regelungen

Im Einzelnen wurden im Bereich der Gewerbeaufsicht folgende Regelungen unterschieden:

1. Feuerschutzvorschriften (A.1.1.)
2. Umweltschutzgesetze (A.1.2.)
3. Arbeitsstättenverordnung (A.1.3.)
4. Bauverordnungen und –maßnahmen (A.1.4. und A.1.7.)[95]
5. Stellplatzverordnung (A.1.5.)
6. Genehmigungen / Erlaubnisse für spezielle Wirtschaftszweige (A.1.6.)
7. Vorgeschriebene Schulungsmaßnahmen (A.1.8.)
8. Sonstige Gewerbeaufsicht (A.1.9.)

---

[95] Im Fragebogen wurden ursprünglich die beiden Bereiche A.1.4. Bauverordnungen und –maßnahmen sowie A.1.7. Kommunale Nutzungspläne separat erfasst. Es stellte sich jedoch bei der Auswertung der Fragebögen heraus, dass es zu häufigen Überschneidungen bei den Antworten zu diesen Fragen kam. Da die Probleme in Zusammenhang mit notwendigen Nutzungsänderungsanträgen – der typische Befund bei Frage A.1.7. – dem Bereich der Bauverordnungen zugerechnet werden kann, wurden die beiden Fragestellungen in der Auswertung zusammengefasst.

Zunächst wurde nach der Relevanz der betreffenden Regelung gefragt. Wurde hier mit „Ja“ geantwortet, dann wurde im nächsten Schritt nach der konkreten Vorschrift gefragt und danach, wie stark der Gründer durch diese behindert wurde. Hierzu stand eine Skala von *0 – Gar nicht* bis *5 – Sehr stark* zur Verfügung. Tabelle 8 zeigt die entsprechenden Angaben zu den Regelungen aus dem Bereich der Gewerbeaufsicht.

Tabelle 8: Relevanz bzw. Grad der Behinderung (Gewerbeaufsicht)

Relevanz bzw. Grad der Behinderung	**Feuerschutz-vorschriften**		**Umweltschutz-gesetze**		**Arbeitsstätten-verordnung**		**Bauverordng. / –maßnahmen**	
	Anzahl	Prozent	Anzahl	Prozent	Anzahl	Prozent	Anzahl	Prozent
Keine Relevanz	166	52,5	217	68,7	191	60,4	187	59,2
Relevanz	150	47,5	99	31,3	125	39,6	129	40,8
davon behindernd:								
Gar nicht	48	15,2	26	8,2	43	13,6	22	7,0
Sehr wenig	40	12,7	22	7,0	15	4,8	13	4,1
Wenig	19	6,0	16	5,1	24	7,6	16	5,1
Mittel	16	5,1	17	5,4	22	7,0	19	6,0
Stark	17	5,4	8	2,5	11	3,5	23	7,3
Sehr stark	9	2,8	7	2,2	7	2,2	33	10,4
K. A.	1	0,3	3	0,9	3	0,9	3	0,9
Relevanz bzw. Grad der Behinderung	**Stellplatz-verordnung**		**Spezielle Genehmigungen**		**Schulungs-maßnahmen**		**Sonstige Ge-werbeaufsicht**	
	Anzahl	Prozent	Anzahl	Prozent	Anzahl	Prozent	Anzahl	Prozent
Keine Relevanz	225	71,2	227	71,8	246	77,8	280	88,6
Relevanz	91	28,8	89	28,2	70	22,2	36	11,4
davon behindernd:								
Gar nicht	25	7,9	33	10,4	22	7,0	6	1,9
Sehr wenig	19	6,0	15	4,8	11	3,5	2	0,6
Wenig	12	3,8	14	4,5	15	4,8	3	0,9
Mittel	16	5,1	12	3,8	10	3,1	4	1,3
Stark	5	1,6	6	1,9	2	0,6	15	4,8
Sehr stark	12	3,8	8	2,5	6	1,9	6	1,9
K.A.	2	0,6	1	0,3	4	1,3	0	

Quelle: Befragung Teilstichprobe DtA Gründerpanel 1999.

Angesichts der im theoretischen Vorspann der Studie geführten Diskussion sei zunächst in Erinnerung gerufen, dass aus einem hohen Grad der Betroffenheit noch nicht geschlossen werden darf, es würde sich im entsprechenden Fall um eine unsinnige Regelung handeln (siehe Kapitel 2). In umgekehrter Weise rechtfertigt eine weniger starke Behinderung natürlich nicht die Existenz der Regelung. Auch Regelungen, die lediglich lästig sind oder etwas Geld kosten, sollten beseitigt werden, wenn sie sich überholt haben. Wünschenswert wäre natürlich eine Analyse jeder einzelnen Regelung, die sich hinter den in Tabelle 8 festgehaltenen Kategorien verbirgt. Was an dieser Stelle jedoch lediglich geleistet werden kann, ist zunächst die Lokalisation der Bereiche, die besonders hinderlich sind. Diese Bereiche werden dann auf der Basis der Vorüberlegungen allgemein beurteilt. Anhand von kurzen Fallstudien werden daraufhin Einzelregelungen aufgegriffen und diese noch einmal explizit bewertet.

Hinsichtlich ihrer Relevanz für die Gründer lassen sich die Regelungen der Gewerbeaufsicht in die folgende Reihenfolge bringen:

Tabelle 9: Ausmaß der Relevanz im Bereich der Gewerbeaufsicht

Platz	Regelung	Relevanz (Prozent)
1.	Feuerschutzvorschriften	47,5
2.	Bauverordnungen und –maßnahmen	40,8
3.	Arbeitsstättenverordnung	39,6
4.	Umweltschutzgesetze	31,3
5.	Stellplatzverordnung	28,8
6.	Genehmigungen für spezielle Wirtschaftszweige	28,2
7.	Schulungsmaßnahmen	22,2
8.	Sonstige Gewerbeaufsicht	11,4

Quelle: Befragung Teilstichprobe DtA Gründerpanel 1999.

Fast jeder zweite Gründer hatte mit Regelungen aus dem Bereich des Feuerschutzes zu tun, immerhin mehr als jeder fünfte Gründer musste an vorgeschriebenen Schulungsmaßnahmen teilnehmen oder für seinen Wirtschaftszweig spezielle Genehmigungen einholen.[96] Der Anteil des Sonstigen ist erfreulich gering. Die dort genannten Rubriken weisen zudem keine Systematik auf und lassen sich auch nicht in jedem Fall dem Bereich der Gewerbeaufsicht zuordnen.[97] Diese Tatsache zeigt, dass alle bedeutsamen Regelungen des Bereiches Gewerbeaufsicht durch den Fragebogen abgedeckt worden sind. In den folgenden Auswertungen wird der Bereich „Sonstiges“ deshalb nicht mehr ausgewiesen.

Bei der Interpretation der Behördenkontakte hat sich in der Studie von WSF/Econ-Consult auffälliger Befund ergeben. Dort wurde darauf hingewiesen, dass die Behörden, die im Gründungsprozess als besonders problematisch gel-

---

[96] Hier schlägt sich natürlich der hohe Anteil des Gastgewerbes an den Befragten nieder (vgl. auch Tabelle 1 auf S. 57). Im Gastgewerbe werden sowohl Konzessionen benötigt als auch der Besuch von Schulungsmaßnahmen vorgeschrieben.

[97] So werden hier z.B. mehrfach Meisterbrief und Wirtschaftskontrolldienste genannt, die aber nicht zu den primären administrativen Regelungen gezählt werden, obwohl sie, wie in Abschnitt 2.1 ausgeführt, ohne Zweifel dem Bereich administrativer Hemmnisse zugeordnet werden können.

ten, für die meisten Gründer nicht relevant waren, da beispielsweise nur 14 % der Gründer angaben, sie hätten mit dem Bauamt ‚Kontakt' gehabt.[98] Nun kann eine Regelung allerdings auch ohne ‚Kontakt' relevant sein. So ging aus Tabelle 9 hervor, dass für über 40 % der Gründer Bauverordnungen und –maßnahmen relevant waren.

Die Relevanz für die Befragten ist aber nur ein Hinweis auf die Bedeutung einer administrativen Regelung. Zwei weitere Aspekte sollen in die Bewertung mit einfließen: Zum einen der Grad der Behinderung, den ein Gründer durch diese Regelung erfährt und zum anderen die Kosten, welche die betreffende Regelung verursacht. Diese zwei Größen sind natürlich miteinander korreliert.

Um das Ausmaß der Behinderung bei der Bewertung berücksichtigen zu können, wurden verschiedene Behinderungsklassen gebildet und sodann für jede der sieben Regelungen der Anteil der Befragten errechnet, die in die jeweilige Behinderungsklasse fallen. War die Regelung für sie relevant, so haben die Gründer den Grad ihrer Behinderung mit einer Zahl zwischen *0 – Gar nicht* und *5 – Sehr stark* bewertet. Die von der Regelung nicht betroffenen Teilnehmer fließen in die Berechnung ebenfalls mit dem Wert *0* ein.[99] Für die einzelnen Regelungen ergeben sich folgende Werte:

Tabelle 10: Ausmaß der Behinderung im Bereich der Gewerbeaufsicht

Regelung	**Prozent der Befragten mit einem Behinderungsgrad von (kumulativer Anteil)**				
	5	≥ 4	≥ 3	≥ 2	≥ 1
Feuerschutzvorschriften	2,8	8,3	13,5	19,3	31,6
Umweltschutzgesetze	2,5	5,2	10,4	15,6	22,4
Arbeitsstättenverordnung	2,2	5,5	12,6	20,3	24,9
Bauverordnungen und –maßnahmen	10,1	17,2	23,0	27,9	32,2
Stellplatzverordnung	3,7	5,2	10,1	14,1	19,9
Spezielle Genehmigungen	2,8	4,6	8,3	12,6	17,2
Schulungsmaßnahmen	1,8	2,5	5,8	10,4	13,8

Quelle: Befragung Teilstichprobe DtA Gründerpanel 1999.

Wie bereits der Tabelle 8 zu entnehmen ist, fühlten sich z.B. bei den Feuerschutzvorschriften knapp 3 Prozent der Befragten (Kategorie *5*) *sehr stark* durch diese Regelung behindert. Diese Gruppe bildet die erste Behinderungsklasse. Die Gruppe der Teilnehmer, die *4 - Stark* oder *5 - Sehr stark* behindert wurden,

---

98 Vgl. WSF/Econ-Consult (1999, S. 65).

99 Auch sie wurden durch die Regelung *0 -gar nicht* behindert.

bilden zusammen die zweite Behinderungsklasse. Sie macht bei den Feuerschutzvorschriften etwas mehr als 8 Prozent aller Befragten aus. In jeder weiteren Klasse wird die jeweils noch nicht beachtete, nächst niedrigere Bewertung mit einbezogen. 13,5 Prozent antworteten bei den Feuerschutzvorschriften mit einer Bewertung von *3 - Mittel* oder stärker behindernd, ungefähr 19 Prozent wählten die Behinderungsgrade *2 - Wenig* bis *5 - Sehr stark*, und knapp 32 Prozent der Befragten wurde insgesamt durch Feuerschutzvorschriften behindert (mit Behinderungsgraden zwischen *1 - Sehr wenig* und *5 - Sehr stark*).[100] Beachtet man den Grad der Behinderung, so sind Bauverordnungen und –maßnahmen die mit Abstand hinderlichsten Regelungen,[101] gefolgt von den Feuerschutzvorschriften und der Arbeitsstättenverordnung.[102] Umweltschutzgesetze und die Stellplatzverordnung nehmen mittlere Behinderungsrangplätze ein. Genehmigungen für spezielle Wirtschaftszweige und Schulungsmaßnahmen gehören eindeutig zu den weniger behindernden Regelungen. Deutlicher kommt die Rangfolge der hier untersuchten Regelungen noch zum Ausdruck, wenn man die Werte der Tabelle 10 als Profile der einzelnen Regelungen abbildet (siehe Abbildung 5).

Die vorliegende Datenbasis erlaubt sowohl hinsichtlich der Teilnehmer an der Studie als auch in Bezug auf die einzelnen Regelungen eine weitere Untergliederung der Informationen. So stellt sich die Belastung der Befragten je nach Wirtschaftszweig recht unterschiedlich dar.

Das Gastgewerbe, der Gesundheitssektor und das Verarbeitende Gewerbe werden erheblich stärker als der Durchschnitt durch Regelungen aus dem Bereich der Gewerbeaufsicht behindert.[103] Dies gilt insbesondere für die auch insgesamt stark behindernden Regelungen. So liegt z.B. im Gastgewerbe der Anteil von Unternehmen, die durch Feuerschutzvorschriften behindert werden, in jeder Behinderungsklasse ungefähr doppelt so hoch wie bei einer gemeinsamen Betrachtung aller Wirtschaftszweige. Der Gesundheitssektor erreicht im Bereich der speziellen Genehmigungen Werte, die weit über die der Gesamtheit der Befrag-

---

[100] Die verbleibenden 68 Prozent teilen sich in die Personen auf, für welche die Feuerschutzvorschriften irrelevant waren (53 Prozent) und diejenigen, für die sie zwar relevant waren, die sich aber *0 - Gar nicht* behindert fühlten (15 Prozent).

[101] Rangfolgen können aufgrund des Skalenniveaus der hier verwendeten Daten nur schwer eindeutig festgelegt werden. In diesem Kapitel wird eine Gruppe A immer dann als *stärker behindert* als eine Gruppe B bezeichnet, wenn der Rangplatz von A in jeder Behinderungsklasse mindestens ≥ dem Rangplatz von B ist.

[102] Ohne Beachtung des Rangplatzes in der Behinderungsklasse *5 – Sehr stark.*

[103] Die Ergebnisse für den Bereich Verkehr und Nachrichten sind vorsichtig zu betrachten, da die Datenbasis mit nur 8 Befragten sehr gering ist.

ten hinausragen. Diese Ergebnisse sind vor dem Hintergrund der theoretischen Überlegungen plausibel, da die Gefahr hoher negativer Externer Effekte oder Problemen aufgrund der Existenz von Informationsasymmetrien und opportunistischem Verhalten in diesen Bereichen besonders ausgeprägt ist (siehe dazu Abschnitt 2.3). Schlechte Qualitätsstandards im Gesundheitsbereich oder fehlende Vorsorgevorkehrungen beim Brandschutz von Gaststätten können erhebliche Schäden verursachen. Wie schon mehrfach dargelegt stellt sich allerdings die Frage, ob hier nicht der Regelapparat zugunsten eines verschärften Haftungsrechts abgebaut werden kann.

Abbildung 5: Ausmaß der Behinderungen im Bereich der Gewerbeaufsicht

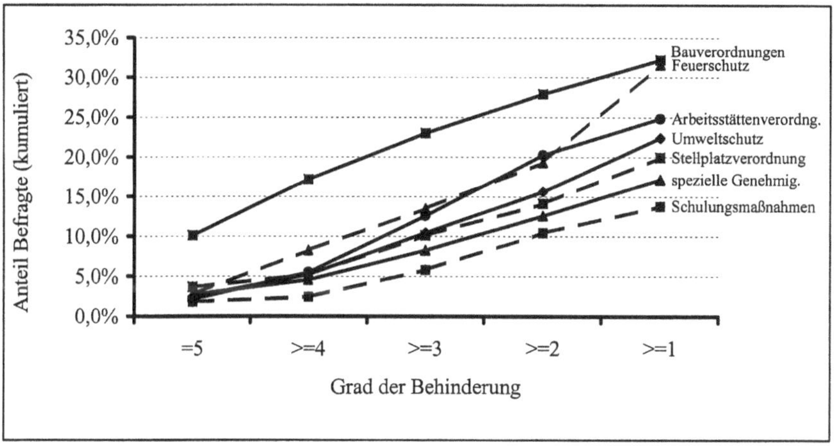

Der Dienstleistungssektor befindet sich recht nahe am Durchschnitt aller Befragten. Der Handel und insbesondere das Baugewerbe weisen dagegen in den Behinderungsklassen fast aller Regelungen geringere Anteile belasteter Unternehmen auf als es bei der gemeinsamen Betrachtung aller Wirtschaftszweige der Fall ist. Für das Baugewerbe ist bis auf die Arbeitsstättenverordnung[104] in allen Bereichen eine unterdurchschnittliche Behinderung zu verzeichnen. Der Handel liegt ohne auffällige Tendenzen jeweils knapp unter dem Durchschnitt.

---

[104] Hier werden insbesondere Auflagen in bezug auf die Ausstattung von Sozialräumen genannt.

Für alle Wirtschaftszweige sind Bauverordnungen und –maßnahmen das größte Hindernis im Bereich der Gewerbeaufsicht. Es folgen für die meisten Wirtschaftszweige, wie auch in der aggregierten Betrachtung, die Bereiche Feuerschutzvorschriften und Arbeitsstättenverordnung. Oftmals verdrängt auch der Umweltschutz eine dieser Regelungen von der dritten Position. Ausnahmen von dieser Systematik finden sich im Dienstleistungsbereich, wo die Stellplatzverordnung noch vor den Umweltschutzgesetzen anzusiedeln ist. Im Gesundheitssektor nehmen die speziellen Genehmigungen gemeinsam mit den Bauverordnungen den Spitzenplatz ein, und die Stellplatzverordnung weist höhere Behinderungswerte auf als die Umweltschutzgesetze. Sämtliche dieser Verordnungen lassen sich aus ökonomischer Perspektive rechtfertigen. So würden beispielsweise fehlende Stellplätze zu negativen Externen Effekten bei den Anwohnern führen, wenn sie dadurch keine Möglichkeit mehr finden, ihre eigenen Kraftfahrzeuge zu parken. Die Frage, die sich hier eher stellt, ist, wie weitreichend solche Verordnungen sein sollen und in welcher Höhe sie die Gründer wann belasten. So bringen beispielsweise ein Lebensmittelgeschäft oder ein Arzt in der Nähe ja auch Vorteile und machen das Wohnen in einem solchen Bezirk attraktiver. Im Abschnitt 3.2.1.4 werden jedoch Beispiele für Regelungstatbestände gegeben, die unmittelbar unsinnig erscheinen.

Die Befragten wurden weiterhin nach der regionalen Zugehörigkeit in ost- bzw. westdeutsche Unternehmen aufgeteilt sowie danach, ob es sich um die Errichtung oder die Übernahme eines Unternehmens handelte. Es wurde außerdem danach unterschieden, ob es sich bei dem relevanten Markt des Unternehmens im regionalen Bereich um einen Markt handelt, der bereits mehr als 20 Jahre existiert oder nicht. Tabelle 11 zeigt die Werte für Ost- und Westdeutschland.

Ostdeutsche Unternehmen bewerten den Grad ihrer Behinderung durch Umweltschutzgesetze und Bauverordnungen höher als die westdeutschen Unternehmen. Dies hat auch Auswirkungen auf die Rangplätze innerhalb der regionalen Abgrenzungen. In Ostdeutschland folgen auf die Bauverordnungen und –maßnahmen die Feuerschutzvorschriften und die Umweltschutzgesetze. Arbeitsstätten- und Stellplatzverordnung bilden das Mittelfeld, und bei Schulungsmaßnahmen und Genehmigungen für spezielle Wirtschaftszweige ist der Anteil behinderter Unternehmen in den einzelnen Behinderungsklassen am geringsten. Demgegenüber bilden in Westdeutschland die Umweltschutzgesetze gemeinsam mit den Schulungsmaßnahmen das Schlusslicht bei der Bewertung der Behinderung. Die Genehmigungen für spezielle Wirtschaftszweige werden dort als stärker beeinträchtigend empfunden als Umweltschutzgesetze. Allerdings werden auch in Westdeutschland Bauverordnungen als die hinderlichsten Regelungen bezeichnet, gefolgt von der Arbeitsstättenverordnung und den Feuerschutzvorschriften.

Tabelle 11: Ausmaß der Behinderung im Bereich der Gewerbeaufsicht in Ost- bzw. Westdeutschland

Regelung	Prozent der Befragten mit einem Behinderungsgrad von				
	5	≥ 4	≥ 3	≥ 2	≥ 1
Ostdeutschland					
1. Feuerschutzvorschriften	2,2	9,4	14,4	22,3	36,7
2. Umweltschutzgesetze	3,6	6,5	12,2	17,3	28,8
3. Arbeitsstättenverordnung	2,9	3,6	10,1	16,6	22,3
4. Bauverordng. / –maßnahmen	12,9	20,1	26,6	30,9	36,0
5. Stellplatzverordnung	3,6	4,3	7,9	14,4	18,7
6. spezielle Genehmigungen	2,9	3,6	6,5	10,8	18,0
7. Schulungsmaßnahmen	2,2	2,2	7,2	10,8	17,3
Westdeutschland					
1. Feuerschutzvorschriften	3,4	7,3	12,4	17,0	28,3
2. Umweltschutzgesetze	1,1	3,4	8,5	13,6	17,0
3. Arbeitsstättenverordnung	1,7	7,3	14,7	23,2	27,1
4. Bauverordng. / –maßnahmen	8,5	15,8	21,5	27,1	30,5
5. Stellplatzverordnung	4,0	6,2	12,4	14,1	21,5
6. spezielle Genehmigungen	2,3	5,1	9,6	14,1	17,0
7. Schulungsmaßnahmen	1,7	2,8	4,5	10,2	11,3

Quelle: Befragung Teilstichprobe DtA Gründerpanel 1999.

Die Personen, die ein Unternehmen neu errichtet haben, werden durch Feuerschutzvorschriften, Bau- und Stellplatzverordnungen sowie durch Genehmigungen für spezielle Wirtschaftszweige stärker behindert als die Befragten, die eine Beteiligung erworben oder ein Unternehmen übernommen haben. Ihre Belastung durch Umweltschutzgesetze und Schulungsmaßnahmen stufen sie dagegen als geringer ein, als die Gesamtheit aller Unternehmen dies tut. Und Unternehmen, die auf einem relativ neuen Markt agieren, haben im Bereich der Bauverordnungen und der speziellen Genehmigungen eine höhere Behinderung zu verzeichnen als solche in traditionellen Märkten.

Die vorhergehenden Betrachtungen sollen indes nicht weiter vertieft werden. Sie haben den entscheidenden Nachteil, dass sie bivariate Analysen sind. Das hat zur Konsequenz, dass der gleichzeitige Einfluss weiterer Variablen nicht kontrolliert werden kann. Es ist außerdem nicht möglich, aus den Ergebnissen kausale Schlussfolgerungen zu ziehen oder sie gar zu Prognosezwecken zu verwenden. Dies sei an einem Beispiel erläutert: Aus der Tabelle 12 geht hervor, dass ostdeutsche Interviewpartner durch Umweltschutzgesetze erheblich stärker behindert werden als westdeutsche Gründer.

Tabelle 12: Ausmaß der Behinderung bei Umweltschutzgesetzen nach regionaler Zugehörigkeit, Geschlecht und Wirtschaftszweig

Umweltschutzgesetze	Prozent der Befragten mit einem Behinderungsgrad von				
	5	≥ 4	≥ 3	≥ 2	≥ 1
Gesamt	2,5	5,2	10,4	15,6	22,4
Ostdeutschland	3,6	6,5	12,2	17,3	28,8
Westdeutschland	1,1	3,4	8,5	13,6	17,0
Frau	3,7	7,4	12,4	21,0	28,4
Mann	1,7	3,8	9,4	13,2	20,0
Gastgewerbe	5,0	15,0	25,0	30,0	35,0

Quelle: Befragung Teilstichprobe DtA Gründerpanel 1999.

Die Ursachen hierfür sind jedoch völlig unklar und es besteht zudem die Gefahr von Fehlinterpretationen. So liegt z.B. in der zugrundeliegenden Datenbasis der Anteil der Frauen bei den ostdeutschen Gründern bei 36,0 Prozent, während er im Westen lediglich bei 17,5 Prozent liegt. Unterteilt man die Datenbasis in Männer und Frauen, so zeigt sich, dass im Bereich der Umweltschutzgesetze Frauen durchweg eine stärkere Behinderung angeben als Männer. Liegt also in dem höheren Frauenanteil der Grund für eine stärkere Behinderung im Osten? Oder sind tatsächlich die Vorschriften in Ostdeutschland restriktiver als im Westen? Zudem existieren weitere Interpretationsmöglichkeiten: Aus Tabelle 12 geht ebenfalls hervor, dass das Gastgewerbe erheblich höher durch Umweltschutzgesetze behindert ist als die Gesamtheit der Wirtschaftszweige. Eine Überprüfung zeigt, dass Gründungen im Sektor Gastgewerbe einen Anteil von 22,3 Prozent an den gesamten Gründungen im Osten haben. Im Westen liegt dieser Anteil bei 5,1 Prozent. Zudem gründen Frauen öfter im gastgewerblichen Bereich als Männer (25,9 Prozent aller Frauen im Vergleich zu 8,1 Prozent aller Männer). Hier könnte also ebenfalls ein Grund für die höhere Behinderung in Ostdeutschland und gleichzeitig auch für die höhere Behinderung von Frauen liegen. Die Frage, ob ostdeutsche Unternehmen stärker behindert werden als westdeutsche Unternehmen, und zwar unabhängig vom Geschlecht des Gründers oder dem Wirtschaftszweig, dem das Unternehmen angehört, kann mittels dieser Analysen nicht beantwortet werden. Um diese Einflüsse zu kontrollieren, wird in Abschnitt 3.2.1.3 auf multivariate Verfahren zurückgegriffen. Erst dann kann ermittelt werden, ob eine stärkere Belastung ostdeutscher Unternehmen tatsächlich existiert.

Feuerschutzvorschriften oder Bauverordnungen sind kein homogenes Regelwerk, sondern sie umfassen eine Fülle von Gesetzen, Verordnungen und Richtlinien, die ganz unterschiedliche Anforderungen an die Existenzgründer stellen und sich aus diesem Grund auch hinsichtlich ihres Behinderungsgrades stark unterscheiden können. Um innerhalb der einzelnen Bereiche eine genauere Vorstellung über die Art der Behinderung zu bekommen, wurden nach den Aussagen der Befragten Rubriken gebildet. Für diese Rubriken kann wiederum der Anteil der Betroffenen ermittelt werden, die den entsprechenden Behinderungsklassen zuzuordnen sind. Diese Anteile beziehen sich hier jedoch immer auf die Anzahl der Personen, die genau diese Rubrik genannt haben, und nicht auf die gesamte Zahl der Befragten.[105]

Tabelle 13: Ausmaß der Behinderung nach Rubriken (Bauverordnungen, Genehmigungen und Schulungsmaßnahmen)

Rubrik	Anzahl	Prozent	Prozent der Betroffenen mit einem Behinderungsgrad von				
			5	>=4	>=3	>=2	>=1
Bauverordng. / –maßnahmen							
Allgemeine Relevanz	7	5,4	0	0	0	14,3	28,6
Auflagen Baugebiet	17	13,2	29,4	47,1	70,6	76,5	82,4
Erteilung Baugenehmigungen	48	37,2	33,3	50,0	64,6	79,2	85,4
Denkmalschutz	5	3,9	20,0	60,0	60,0	60,0	80,0
Nutzungsänderung	21	16,3	23,8	57,1	71,4	85,7	95,2
Mehrere der genannten Rubriken	4	3,1	50,0	50,0	75,0	75,0	75,0
Sonstiges	27	20,9	14,8	25,9	40,7	55,6	74,1
Gesamt	129	100,0	25,6	43,4	58,1	70,5	80,6
Stellplatzverordnung							
Gesamt	91	100,0	13,2	18,7	36,3	49,5	70,3
Genehmigungen für spezielle Wirtschaftszweige							
Konzession Gaststättengewerbe	23	25,8	13,0	17,4	17,4	21,7	60,9
Kassenärztliche Zulassung	28	31,5	17,9	21,4	46,4	57,1	60,7
Gesundheitszeugnis	4	4,5	0	0	25,0	50,0	50,0
Handwerkskammer	23	25,8	0	17,4	21,7	52,2	65,2
Sonstiges	11	12,4	0	0	27,3	45,5	63,6
Gesamt	89	100,0	9,0	15,7	29,2	44,9	61,8
Vorgeschriebene Schulungsmaßnahmen							
Gastronomie / Lebensmittelhygiene	25	35,7	8,0	8,0	12,0	16,0	44,0
Erste Hilfe	3	4,3	0	0	33,3	66,7	66,7
Kassenärztliche Schulungen	8	11,4	0	12,5	25,0	50,0	62,5
Hygiene	7	10,0	0	14,3	42,9	57,1	57,1
Arbeitssicherheit / Strahlenschutz	9	12,9	11,1	11,1	22,2	66,7	88,9
Sonstiges	18	25,7	16,7	16,7	38,9	72,2	77,8
Gesamt	70	100,0	8,6	11,4	25,7	47,1	62,9

Quelle: Befragung Teilstichprobe DtA Gründerpanel 1999.

[105] Es ist zu beachten, dass bei dieser Vorgehensweise die Personen, für die die Regelung nicht relevant war, nicht mehr berücksichtigt werden können, da sie keiner Untergruppe zuzuordnen sind. Das ist auch die Ursache für die unterschiedlichen Zahlen, die, verglichen mit denen in Tabelle 10, für die gesamte Regelung zustande kamen.

Tabelle 14: Das Ausmaß der Behinderung nach Rubriken (Feuerschutzvorschriften, Umweltgesetze und Arbeitsstättenverordnungen)

Rubrik	Anzahl	Prozent	Prozent der Betroffenen mit einem Behinderungsgrad von 5	>=4	>=3	>=2	>=1
Feuerschutzvorschriften							
Allgemeine Relevanz	43	28,7	0	4,7	16,3	23,3	58,1
Feuerlöscher allein*)	29	19,3	0	3,5	6,9	24,1	62,1
Brandschutzelemente	35	23,3	11,4	25,7	45,7	57,1	77,1
Fluchtwege	9	6,0	11,1	22,2	33,3	33,3	55,6
Brandmeldeanlagen, Rauchmelder	3	2,0	0	33,3	33,3	66,7	100,0
Lagerung brennbarer Stoffe	4	2,7	0	25,0	25,0	50,0	75,0
Mehrere der genannten Rubriken	14	9,3	0	42,9	50,0	64,3	78,6
Sonstiges	13	8,7	30,8	30,8	38,5	61,5	69,2
Gesamt	150	100,0	6,0	17,3	28,0	40,7	67,3
Umweltschutzgesetze							
Allgemeine Relevanz	6	6,1	0	16,7	16,7	50,0	66,7
Immissionsschutz	21	21,2	4,8	4,8	28,6	47,6	76,2
Gefahrstoffe	7	7,1	0	14,3	28,6	28,6	42,9
Abfall	25	25,3	4,0	12,0	28,0	36,0	60,0
Wasser	18	18,2	16,7	27,8	38,9	55,6	72,2
Boden	3	3,0	0	0	33,3	100,0	100,0
Begrünung	5	5,0	0	0	40,0	40,0	60,0
Mehrere der genannten Rubriken	10	10,1	10,0	20,0	40,0	60,0	90,0
Sonstiges	4	4,0	25,0	50,0	50,0	75,0	100,0
Gesamt	99	100,0	7,1	15,2	32,3	48,5	70,7
Arbeitsstättenverordnung							
Allgemeine Relevanz	24	19,2	0	0	12,5	25,0	41,7
Sozialräume	42	33,6	4,8	11,9	35,7	54,8	69,1
Hygienevorschriften	22	17,6	4,6	13,6	31,8	50,0	63,6
Gestaltung Arbeitsplatz, -raum	19	15,2	5,3	21,1	36,8	57,9	57,9
Mehrere der genannten Rubriken	6	4,8	33,3	50,0	50,0	50,0	66,7
Sonstiges	12	9,6	8,3	25,0	41,7	83,3	91,7
Gesamt	125	100,0	5,6	14,4	32,0	51,2	63,2

*) Bei dieser Regelung kam es sehr häufig zu Mehrfachnennungen. Die Rubrik „Feuerlöscher" wurde von 62 Befragten genannt. Da ihr Behinderungsgrad jedoch sehr gering ist, wurde sie nur dann aufgenommen, wenn sie als einzige Rubrik genannt wurde (in 29 Fällen). In den anderen Fällen wurde die Antwort der sonst noch genannten Rubrik zugeordnet. Quelle: Befragung Teilstichprobe DtA Gründerpanel 1999.

Auf diese Weise kann festgestellt werden, welche Rubrik innerhalb einer Regelung die Gründer am meisten behindert. Tabelle 13 und 14 geben Aufschluss über die Verteilung nach diesen Rubriken. Im Bereich der Bauverordnungen sind von Anteil und Intensität her die Schwierigkeiten in den Rubriken Erteilung von Baugenehmigungen, Aufteilung Baugebiet und bei den Nutzungsänderungen auffallend hoch. Bei den Feuerschutzvorschriften kommt es insbesondere in den Rubriken Brandschutzelemente.

Die anderen Rubriken werden dort zwar häufig genannt, führen aber zu nicht ganz so hohen Behinderungen. Bis auf den Bereich Wasser scheinen die Umweltauflagen vergleichsweise unproblematisch zu sein. Ähnlich verhält es sich bei der Arbeitsstättenverordnung, deren Belastung sich jedoch gleichmäßiger auf die Rubriken verteilt. Vergleichsweise stark ist auch die Belastung, die durch Konzessionen im Gaststättengewerbe und bei der kassenärztlichen Zulassung entstehen.

3.2.1.2. Kosten und Zeitaufwand

Es wurde weiterhin der Aufwand bestimmt, der zur Beachtung der entsprechenden Regelung notwendig war. Um diesen zu quantifizieren, wurden die Befragten gebeten, direkte Kosten, direkten Zeitaufwand und die Folgekosten anzugeben. Als direkte Kosten wurden Ausgaben bezeichnet, die direkt bei der Abwicklung der behördlichen Regelung angefallen sind, z.B. Gebühren, Fahrtkosten, Büromaterial, anteilige Lohn- oder Servicekosten. Beispiele für den direkten Zeitaufwand sind Fahrtzeiten, Bearbeitungszeiten, Wartezeiten bei den Behörden usw. Unter den Folgekosten einer Regelung werden die Kosten verstanden, die zur Einhaltung der Regelung notwendig waren. Hierunter fallen z.B. Investitionskosten, die wegen einer behördlichen Regelung getätigt werden mussten, oder auch Instandhaltungskosten.[106] Die Tabellen 15 und 16 zeigen direkte Kosten, direkten Zeitaufwand und Folgekosten für die einzelnen Regelungen der Gewerbeaufsicht.

Am Beispiel der direkten Kosten bei Feuerschutzvorschriften soll die gewählte Vorgehensweise kurz erläutert werden: Feuerschutzvorschriften waren für 150 Personen relevant, für 166 Personen nicht relevant. Von den 150 Personen machten 91 detaillierte Angaben über die angefallenen direkten Kosten, 59 Personen machten keine Angaben. Aus den 91 genannten Beträgen, die als direkte

---

[106] Diese Definitionen wurden den Befragten von den Interviewern bei der erstmaligen Nennung einer relevanten Regelung mitgeteilt. Der entsprechende Text ist dem Zusatzblatt des Fragebogens im Anhang auf S. 163 zu entnehmen. Eine derart detaillierte Aufspaltung des angefallenen Aufwandes wurde nur im Hauptbereich der Gewerbeaufsicht vorgenommen, da es sich bei diesem sicherlich um den bedeutsamsten für Existenzgründer handelt. Die vorgenommenen Pretests zeigten, dass für die Bereiche Steuern und Abgaben diese Fragen nicht sinnvoll zu beantworten sind und zudem eine Fortführung dieser ausführlichen Abfrage Zeit und Geduld der Befragten schnell überstrapaziert. Schon jetzt gab es eine hohe Rate von Personen, die zu diesen Fragen keine Angaben mehr machten. Im weiteren wurde, wenn überhaupt, nach den insgesamt angefallenen Kosten gefragt.

Kosten anfielen, ergibt sich ein Mittelwert (Erwartungswert) von DEM 536,-. Wenn Feuerschutzvorschriften für einen Gründer relevant sind, muss also im Mittel mit diesen Kosten gerechnet werden. Die Größe „Erwartungswert Gesamt" berücksichtigt darüber hinaus, dass bei 166 Personen keine direkten Kosten im Zusammenhang mit Feuerschutzvorschriften anfielen.[107] Dieser Wert gibt somit an, mit welchen direkten Kosten alle Teilnehmer der Studie (bis auf die Personen, die explizit keine Angaben machten) im Mittel konfrontiert waren.

Tabelle 15: Direkte Kosten im Bereich der Gewerbeaufsicht

	Feuerschutz-vorschriften	Umweltschutz-gesetze	Arbeitsstätten-verordnung	Bauverordng. / –maßnahmen
Anzahl Befragte				
- Gesamt	316	316	316	316
- Relevant	150	99	125	129
- Angaben zu Kosten	91	60	74	75
- Kosten ungleich Null	41	26	26	61
Erwartungswert				
- Gesamt (DEM)	190	4.16	538	755
- Relevant (DEM)	536	1.920	1.927	2.638
Median Kosten*)				
- ungleich Null (DEM)	400	1.000	300	340

	Stellplatz-verordnung	Spezielle Genehmig.	Schulungs-maßnahmen
Anzahl Befragte			
- Gesamt	316	316	316
- Relevant	91	89	70
- Angaben zu Kosten	53	61	60
- Kosten ungleich Null	16	51	52
Erwartungswert			
- Gesamt (DEM)	59	333	152
- Relevant (DEM)	321	1.460	773
Median Kosten*)			
- ungleich Null (DEM)	400	1.000	300

*) Bei den Kosten gab es eine große Anzahl Befragter, die angaben, dass bei ihnen keine Kosten anfielen. Der Median wäre oftmals gleich Null gewesen und hätte so kaum Aussagekraft gehabt. Deshalb wird in den folgenden Tabellen der Median für die Personen ausgewiesen, die überhaupt Angaben machten. Quelle: Befragung Teilstichprobe DtA Gründerpanel 1999.

Der direkte Zeitaufwand ließe sich ebenfalls monetär bewerten. Eine Möglichkeit wäre es, diesen mit dem durchschnittlichen Stundenlohn zu gewichten, den die jeweils befragten Gründer und Gründerinnen hätten verdienen können, wenn

[107] Analog zu der Vorgehensweise bezüglich des Grades der Behinderung. Vgl. hierzu S. 69.

sie bei gegebener Qualifikation ihre Arbeit dem Arbeitsmarkt zur Verfügung stellen würden. Eine alternative Bewertung wäre das Entgelt gewesen, das sie bekommen hätten, wenn sie, anstatt zur Behörde zu gehen, ihrer gewerblichen Tätigkeit nachgegangen wären. Schließlich gilt auch im Gründungsbereich – und dort wohl besonders – der Grundsatz „Zeit ist Geld".

Tabelle 16: Direkter Zeitaufwand im Bereich der Gewerbeaufsicht

	Feuerschutz-vorschriften	Umweltschutz-gesetze	Arbeitsstätten-verordnung	Bauverordng. / –maßnahmen
Anzahl Befragte*)				
- Angaben zu Zeit-aufw.	96	62	79	78
- Zeitaufw. ungleich Null	55	35	39	66
Erwartungswert				
- Gesamt (Std.)	4,4	5,0	1,8	10,0
- Relevant (Std.)	12,0	22,6	6,1	34,0
Median Zeitaufw.)**				
- ungleich Null (Std.)	5,0	6,5	5,0	15,0
	Stellplatz-verordnung	**spezielle Genehmig.**	**Schulungs-maßnahmen**	
Anzahl Befragte*)				
- Angaben zu Zeit-aufw.	53	61	60	
- Zeitaufw. ungleich Null	28	52	55	
Erwartungswert				
- Gesamt (Std.)	1,4	3,7	4,7	
- Relevant (Std.)	7,5	17,4	24,0	
Median Zeitaufw.)**				
- ungleich Null (Std.)	4,0	4,0	11,0	

*) Die gesamte Anzahl Befragter und die Zahl der Personen, für welche die jeweilige Regelung relevant war, können der Tabelle 15entnommen werden.

**) Siehe die Ausführungen zum Median in Tabelle 15.

Bauverordnungen stehen mit DEM 755,- im Mittel aller Befragten bei den direkten Kosten an erster Stelle, gefolgt von Regelungen aus dem Bereich der Arbeitsstättenverordnung und der Umweltschutzgesetze.

Es folgen Umweltschutzgesetze, Schulungsmaßnahmen und Feuerschutzvorschriften. Summiert man die Werte auf, so zeigt sich, dass jeder Existenzgründer der Befragung im Mittel knapp DEM 2.450,- an direkten Kosten im Bereich der Gewerbeaufsicht aufbringen musste. Der durchschnittliche direkte Zeitaufwand pro Befragtem liegt für den Bereich der Gewerbeaufsicht bei etwa 31 Stunden. Allein 10 Stunden müssen für Regelungen in Zusammenhang mit Bauverordnungen und –maßnahmen aufgewendet werden, wiederum der höchste Wert. Würden als Kosten für die verloren gegangene Zeit beispielsweise DEM 50,- je

Stunde verrechnet, müssten den direkten Kosten noch DEM 1.550,- hinzugezählt werden. Die direkten Kosten würden sich dann auf DEM 4.000,- summieren, wobei der gewählte Stundensatz von DEM 50,- bei dem hohen Qualifikationsniveau der Gründer eher zu niedrig angesetzt sein dürfte.

Tabelle 17: Folgekosten im Bereich der Gewerbeaufsicht (in DEM)

	Feuerschutz-vorschriften	Umweltschutz-gesetze	Arbeitsstätten-verordnung	Bauverordng. / –maßnahmen
Anzahl Befragte				
- Angaben zu Kosten	100	64	76	79
- Kosten ungleich Null	91	52	45	48
Erwartungswert				
- Gesamt (DEM)	5.725	6.172	2.931	9.568
- Relevant (DEM)	15.230	27.098	10.296	32.215
Median Kosten*)				
- ungleich Null (DEM)	1.000	4.750	5.000	10.000
	Stellplatz-verordnung	**spezielle Genehmig.**	**Schulungs-maßnahmen**	
Anzahl Befragte				
- Angaben zu Kosten	49	58	59	
- Kosten ungleich Null	23	12	6	
Erwartungswert				
- Gesamt (DEM)	1.397	2.309	212	
- Relevant (DEM)	7.812	11.348	1.094	
Median Kosten				
- ungleich Null (DEM)	8.000	4.100	3.500	

*) Siehe die Ausführungen zum Median in Tabelle 15.

Auch bei den Folgekosten sind die Bauverordnungen mit knapp DEM 10.000,- pro Unternehmensgründer führend. Die durchschnittlichen Folgekosten bei denjenigen Befragten, für die Bauverordnungen relevant waren, liegen sogar bei DEM 32.215,-. Umweltschutzgesetze und Feuerschutzvorschriften belegen bei den Folgekosten die Plätze 2 und 3. Insgesamt musste jeder Gründer im Durchschnitt etwa DEM 28.300,- für Folgekosten zahlen, die im Bereich der Gewerbeaufsicht anfielen. Den Gründer erwarten demnach nicht unerhebliche Finanzierungskosten. Bezogen auf den Regelungsapparat resultiert daraus ein ebenfalls nicht unerhebliches Rationalisierungspotential.

Tabelle 18: Rangfolge der Regelungen nach Kosten und Zeitaufwand (Gewerbeaufsicht)

Regelung	Direkte Kosten	Direkter Zeitaufwand	Folgekosten
1. Feuerschutzvorschriften	5.	4.	3.
2. Umweltschutzgesetze	3.	2.	2.
3. Arbeitsstättenverordnung	2.	6.	4.
4. Bauverordnungen und –maßnahmen	1.	1.	1.
5. Stellplatzverordnung	7.	7.	6.
6. spezielle Genehmigungen	4.	5.	5.
7. Schulungsmaßnahmen	6.	3.	7.

Die obige Hitliste macht dabei noch einmal deutlich, dass der größte Hebel im Bereich der Bauverordnungen und –maßnahmen zu finden ist. Eine relativ hohe Bedeutung kommt auch den Umweltschutzgesetzen zu. Es zeigt sich hier aber auch die Schwierigkeit, ein durchgängiges Bewertungsschema zu entwerfen. So nehmen beispielsweise die Stellplatzverordnungen im gesamten Gründungsbereich eine vergleichsweise unbedeutende Stellung ein, die davon Betroffenen erwartet allerdings eine hohe finanzielle Belastung, wie das die vorherigen Ausführungen gezeigt haben.

3.2.1.3. Ökonometrische Untersuchung der Einflussfaktoren auf die Relevanz bzw. den Grad der Behinderung einzelner Regelungen

In diesem Kapitel sollen die Faktoren bestimmt werden, die signifikanten[108] Einfluss auf die Relevanz einer Regelung bzw. auf den Grad ihrer Behinderung haben. Zur Bestimmung der Einflussfaktoren auf die Wahrscheinlichkeit der Relevanz von speziellen Regelungen werden Probit-Schätzungen durchgeführt. Die Relevanz der Regelung für den Gründer wird über eine 0/1-Variable abgebildet. Entsprechend wird bei der Frage nach dem Grad der Behinderung eine Ordered-Probit-Schätzung durchgeführt, da diese Variable Werte von *0 - Gar nicht* bis *5 - Sehr stark* behindernd annimmt.[109]

Als mögliche Einflussgrößen stehen zum einen institutionelle Faktoren wie z.B. die Zugehörigkeit zu einem Wirtschaftszweig oder einer Region und anderer-

[108] Im Folgenden wird der Einfachheit halber von *signifikanten* Einflussfaktoren die Rede sein. Es sollte jedoch nicht unerwähnt bleiben, dass der zugrunde liegende Testaufbau eigentlich nur Aussagen darüber zulässt, ob der Einfluss einer Variable ein *nicht-insignifikantes* Ausmaß hat.

[109] Zur verwendeten Methodik sei auf die einschlägigen Lehrbücher verwiesen, so z.B. Greene (1993) und Verbeek (2000).

seits persönliche Faktoren wie das Alter des Unternehmers oder seine kaufmännischen Kenntnisse zur Verfügung. Die verwendeten Variablen seien im Folgenden näher erläutert. Zu den **institutionellen Faktoren** gehören:

OSTDEUTSCHLAND: eine 0/1-Variable, die den Wert 1 annimmt, wenn der Gründer sein Unternehmen in einem ostdeutschen Bundesland gegründet hat, und den Wert 0 bei einer westdeutschen Gründung. Eine Differenzierung in Bundesländer war aufgrund der geringen Anzahl Beobachtungen für einige Bundesländer nicht durchführbar.[110]

SPD-REGIERT: eine 0/1-Variable, die den Wert 1 annimmt, wenn der Gründer sein Unternehmen in einem SPD-regierten Bundesland gegründet hat, und den Wert 0 bei einer Gründung in einem CDU-regierten Bundesland. Entscheidend hierbei war die Regierung zum Zeitpunkt der Gründung.[111]

WIRTSCHAFTSZWEIG: eine Variablengruppe, welche die Zugehörigkeit zu einem Wirtschaftszweig festlegt. Es werden folgende 0/1-Variablen zur Zuordnung zu einem Wirtschaftszweig verwendet (vgl. auch Abschnitt 3.1.1):

Verarbeitendes Gewerbe
Baugewerbe
Handel
Gastgewerbe
Verkehr und Nachrichten
Gesundheitsgewerbe
Dienstleistungsgewerbe.

Bei Zugehörigkeit zu dem entsprechenden Wirtschaftszweig nimmt die Variable den Wert 1 an, ansonsten ist sie gleich 0.[112]

JUNGER MARKT: eine 0/1-Variable, die den Wert 1 annimmt, wenn es sich um ein

---

[110] Bei einer geringen Anzahl von Beobachtungen ergibt es sich häufig, dass es sich z.B. bei allen (oder doch zumindest den meisten) Beobachtungen, die für das Saarland vorhanden sind, um Gründer handelt, die nicht von der speziellen Vorschrift betroffen waren. Um eine Probit-Schätzung durchführen zu können, ist es aber notwendig, dass von jeder möglichen Ausprägung mindestens so viele Beobachtungen vorhanden sind wie exogene Variablen in der Schätzgleichung. Aus diesem Grund ist eine gröbere Klassifikation vonnöten. Vgl. hierzu auch Greene (1995, S. 416) und Greene (1993).

[111] Die Datenbasis umfasst Gründungen aus den Jahren 1992, 1994 und 1996. Lediglich in Sachsen-Anhalt gab es während dieser Periode einen Regierungswechsel. Dieser wurde entsprechend berücksichtigt.

[112] Bei Verwendung aller 0/1-Variablen und gleichzeitiger Verwendung einer Konstante wäre die lineare Unabhängigkeit der exogenen Variablen nicht mehr gewährleistet. Um die Schätzbarkeit sicher zu stellen, muss in der Regressionsgleichung ein Wirtschaftszweig ausgelassen werden.

Unternehmen handelt, welches auf einem Markt tätig ist, der im regionalen Bereich weniger als 20 Jahre existiert. Diese Variable stellt ein Maß für den Innovationsgrad des Unternehmens dar.

FÖRDERJAHR: bestimmt, zu welchem Förderjahrgang der Gründer gehört. Es bestehen die Möglichkeiten: 1992, 1994, 1996. Auch hier handelt es sich um 0/1-Variablen.

NEUGRÜNDUNG: diese 0/1-Variable bezieht sich auf den Gründungszweck. Nimmt sie den Wert 1 an, dann handelt es sich bei der Gründung um die Errichtung eines neuen Unternehmens. Den Wert 0 erhält diese Variable bei einer Übernahme oder einer Beteiligung.

GRÖßE: enthält die Investitionssumme in TDEM. Diese Variable steht stellvertretend für die geplante Größe des Unternehmens.

Es standen mehrere Variablen zur Messung der Unternehmensgröße zur Auswahl, so z.B. der Umsatz oder die Beschäftigtenzahlen in 1997. Gegen diese Größen ist in diesem speziellen Fall jedoch einzuwenden, dass sie zwar die wirtschaftliche Bedeutung des Unternehmens in 1997 (oder zu einem anderen Zeitpunkt) gut charakterisieren, jedoch sehr wenig darüber aussagen, welche Größe dem Gründer zum Gründungszeitpunkt für sein Unternehmen vorschwebte. Die zum Gründungszeitpunkt relevanten administrativen Auflagen und Vorschriften sind jedoch eher von diesen Plänen abhängig. Die spätere Entwicklung des Unternehmens kann völlig anders verlaufen als es geplant war. Aus diesem Grund sind wir der Meinung, dass die geplante Größe des Unternehmens, die in der Investitionssumme zum Ausdruck kommt, für unsere Untersuchung besser geeignet ist als die tatsächliche Größe zu einem späteren Zeitpunkt.

Als **persönliche Faktoren**, die insbesondere den Grad der Behinderung beeinflussen könnten, kommen folgende Variablen in Frage:

KAUFMÄNNISCHE KENNTNISSE: eine 0/1-Variable, die den Wert 1 annimmt, wenn der Gründer angab, zum Gründungszeitpunkt über kaufmännische Kenntnisse verfügt zu haben.

BRANCHENKENNTNISSE: nimmt den Wert 1 an, wenn Branchenkenntnisse vorlagen.

UNTERNEHMERISCHE KENNTNISSE: ist gleich 1, wenn der Gründer über unternehmerische Erfahrung verfügte.

WETTBEWERBSINTENSITÄT: beziffert die Wettbewerbsintensität mit der Konkurrenz in der Einschätzung des Gründers. Diese Variable kann Werte von *0-Gar nicht* bis *5-Sehr stark* annehmen.

ÜBERBRÜCKUNGSGELD: nimmt den Wert 1 an, wenn der Gründer angab, unmittelbar vor der Gründung Überbrückungsgeld vom Arbeitsamt bezogen zu haben. Es handelt sich also um die Personen, von denen bekannt ist, dass sie aus der Arbeitslosigkeit heraus gegründet haben. Unter den Befragten gibt dieses Kriterium Auskunft über die Untergrenze an, wird nach der Zahl der Personen gefragt, die vor der Unternehmensgründung arbeitslos waren.

SCHULABSCHLUSS: erfasst den höchsten Schulabschluss der Befragten. Folgende Kategorien waren möglich:[113]

0 Kein Abschluss
1 Volks-, Hauptschulabschluss
2 Mittlere Reife, Realschulabschluss
3 Fachabitur
4 Abitur
5 Abgeschlossenes Fachhochschulstudium
6 Abgeschlossenes Universitätsstudium

FRAU: nimmt den Wert 1 an, wenn es sich um eine Gründerin handelt, der Wert 0 bezeichnet männliche Gründer.

ALTER: enthält das Alter des Gründers bzw. der Gründerin.

Es wurde zunächst untersucht, von welchen Faktoren es abhängt, ob eine spezielle Regelung aus dem Bereich der Gewerbeaufsicht für einen Existenzgründer relevant ist oder nicht. Bei der Frage der Wahrscheinlichkeit für die Relevanz einer Regelung ist es ausreichend, die institutionellen Faktoren als exogene Variablen zu verwenden. Es ist in diesem Zusammenhang unsinnig, anzunehmen, dass Variablen wie das Alter der Gründer oder seine Branchenkenntnisse einen Einfluss darauf haben könnten, ob eine bestimmte Regelung für sein Gründungsvorhaben relevant ist. Feuerschutzvorschriften oder Schulungsmaßnahmen fallen in Abhängigkeit von institutionellen Faktoren, wie dem Wirtschaftszweig oder der Unternehmensgröße, an und nicht in Abhängigkeit von persönlichen Faktoren. Es wurden Probit-Schätzungen mit der 0/1-Variable für die jeweilige Regelung als endogener Variable durchgeführt. Als exogene Variablen kamen eine Konstante sowie die aufgeführten Variablen zum Einsatz. Auf eine Dokumentation der exakten Schätzergebnisse wurde aus Platzgründen und zur Erhöhung der Lesbarkeit verzichtet. Selbstverständlich werden diese auf Wunsch

[113] Aus der Untersuchungsgruppe waren 10 Personen keiner dieser Kategorien zuzuordnen. Diese Beobachtungen entfielen in den Fällen, in denen ABSCHLUSS als Regressor aufgenommen wurde.

gerne zur Verfügung gestellt. Die Tabelle 19 zeigt, welche der möglichen Variablen sich als signifikante Einflussfaktoren entpuppten.[114]

Tabelle 19: Mögliche Einflussfaktoren auf die Wahrscheinlichkeit der Relevanz von Regelungen aus dem Bereich der Gewerbeaufsicht

Regelung / Einflussfaktoren	Feuerschutz-vorschriften	Umweltschutz-Gesetze	Arbeitsstätten-verordnung	Bauverordng. / -maßnahmen
OSTDEUTSCHLAND				
SPD-REGIERT	+	+		
WIRTSCHAFTSZWEIG				
JUNGER MARKT				+
FÖRDERJAHR		*		
NEUGRÜNDUNG				
GRÖßE	+	+	+	+

Regelung / Einflussfaktoren	Stellplatz-verordnung	Spezielle Genehmig.	Schulungs-maßnahmen
OSTDEUTSCHLAND			+
SPD-REGIERT	-		
WIRTSCHAFTSZWEIG	*	*	*
JUNGER MARKT			
FÖRDERJAHR			
NEUGRÜNDUNG	+	+	
GRÖßE		+	

Erläuterungen: +/-: Variable erhöht/vermindert die Wahrscheinlichkeit für die Relevanz der entsprechenden Regelung in signifikantem Ausmaß (z-Test bzw. LR-Test, 10 %). *: Variablengruppe ist signifikanter Einflussfaktor (Likelihood-Ratio-Test, 10 %).

Für die Feuerschutzvorschriften stellen sich folgende Einflussfaktoren heraus: Die Gründung in einem SPD-regierten Land erhöht die Wahrscheinlichkeit, von Feuerschutzvorschriften betroffen zu sein. Zudem zeigt sich, dass die Wahrscheinlichkeit der Relevanz von Feuerschutzvorschriften mit zunehmender Größe des gegründeten Unternehmens steigt. Die anderen Einflussfaktoren haben keinen signifikanten Einfluss auf diese endogene Variable.

Die Wahrscheinlichkeit, von Umweltschutzgesetzen betroffen zu sein, ist in SPD-regierten Bundesländern ebenfalls höher als in CDU-regierten. Weiterhin besagen die Ergebnisse, dass große Unternehmen stärker von Umweltschutzge-

---

[114] Für alle Schätzgleichungen - mit Ausnahme der Gleichung für die Arbeitsstättenverordnung und diejenige für die Sonstigen Regelungen der Gewerbeaufsicht - ergab sich, dass für die exogenen Variablen die Nullhypothese, dass sie keinen Erklärungswert besitzen, bei einer Irrtumswahrscheinlichkeit von weniger als 5 % abgelehnt werden kann. Der Testwert für die Regression in Zusammenhang mit der Arbeitsstättenverordnung ist dagegen äußerst schlecht. Auch die späteren Untersuchungen lassen darauf schließen, dass für diese Regelung die bedeutsamen Einflussfaktoren hier nicht erfasst wurden.

setzen betroffen sind als kleine Unternehmen, und auch der Förderjahrgang ist ein nicht unwichtiger Einflussfaktor. Förderjahrgang und Wirtschaftszweig stellen im Gegensatz zu den anderen Variablen eine Gruppe von mehreren Variablen dar, bei denen in einem ersten Schritt getestet wird, ob ihr gemeinsamer Einfluss auf die Qualität der Schätzgleichung zu vernachlässigen ist oder nicht. Hier stellt sich also heraus, dass der Förderjahrgang Einfluss auf die Wahrscheinlichkeit hat, von Umweltschutzgesetzen betroffen zu sein.

Aus der Schätzgleichung lässt sich ebenfalls entnehmen, wie die Beziehungen der Förderjahrgänge zueinander sind. Ordnet man die Förderjahrgänge so, dass derjenige, der die Wahrscheinlichkeit am meisten erhöht, am Anfang steht, so ergibt sich folgende Reihenfolge: 1992, 1996, 1994. Gehört ein Gründer zum Förderjahrgang 1992, so ist seine Wahrscheinlichkeit, von Umweltschutzgesetzen betroffen zu sein, höher als die der Förderjahrgänge 1994 und 1996. Am geringsten ist die Wahrscheinlichkeit für einen Gründer des Förderjahrganges 1994 (wieder im Vergleich zum Förderjahrgang 1992 und 1996). Diese Reihenfolge zeigt keinen einheitlichen Trend. Während die Relevanz der Vorschriften von 1992 an abnahm, war sie 1996 wieder höher als 1994. Bei der Interpretation dieser Werte muss allerdings beachtet werden, dass sich hinter der unterschiedlichen Belastung in den Förderjahrgängen verschiedene Effekte verbergen können. Nicht nur die tatsächliche Behinderung in der Gründungssituation wird in die Bewertung der befragten Personen einfließen. Zusätzlich muss bedacht werden, dass ein Unternehmen, das 1992 gegründet wurde, bis zum Zeitpunkt der Befragung 4 Jahre mehr Zeit hatte, mit den Regelungen in Kontakt zu kommen als ein Unternehmen, welches erst 1996 gegründet wurde. Bezieht man diese möglicherweise auftretende Akkumulation mit ein, so kann man zwar sicher sagen, dass es von 1994 bis 1996 zu einer Steigerung der Belastung kam. Ob aber der Förderjahrgang 1992 tatsächlich am stärksten belastet war, oder ob dieser Effekt dadurch zustande kommt, dass diese Unternehmen bereits länger auf den Märkten agieren, kann anhand der erhobenen Daten nicht entschieden werden.

Die weiteren Vorschriften und ihre Einflussfaktoren sind aus der vorliegenden Tabelle analog zu interpretieren. Die Tabelle 20 zeigt die Reihenfolge der Wirtschaftszweige für die Regelungen, bei denen dieser ein wesentlicher Einflussfaktor ist (1. bezeichnet den Wirtschaftszweig, der im Verhältnis zu den anderen Wirtschaftszweigen die Wahrscheinlichkeit für die Relevanz der Regelung am deutlichsten erhöht):

Tabelle 20: Einfluss der Wirtschaftszweige auf die Wahrscheinlichkeit der Relevanz einzelner Regelungen

Regelung Wirtschaftszweig	Stellplatz-verordnung	spezielle Genehmigungen	Schulungs-maßnahmen
Verarbeitendes Gewerbe	7.	4.	2.
Baugewerbe	5.	7.	6.
Handel	4.	5.	7.
Gastgewerbe	1.	2.	1.
Verkehr und Nachrichten	6.	3.	4.
Gesundheitsgewerbe	2.	1.	3.
Dienstleistungsgewerbe	3.	6.	5.

Gastgewerbe und Gesundheitssektor sind Wirtschaftszweige, die stärker von Stellplatzverordnung, speziellen Genehmigungen und von Schulungsmaßnahmen betroffen sind als andere Branchen. Im Gegensatz hierzu hat ein Gründer aus dem Bereich des Baugewerbes im Vergleich zu den meisten anderen Sektoren eine deutlich geringere Wahrscheinlichkeit, von diesen Regelungen betroffen zu sein.

Als weiteres Ergebnis zeigt sich, dass Gründungen in jungen Märkten signifikant mehr als andere Unternehmen mit Regelungen aus dem Bereich der Bauverordnungen zu tun haben. Es bestätigt sich demnach zumindest für diesen Bereich die Hypothese, dass strukturverändernde Gründungen eher mit administrativen Problemen rechnen müssen als Gründungen in traditionellen Märkten (siehe dazu Abschnitt 2.5.1). Etwas überraschend ist allerdings, dass sich dieser Zusammenhang nicht für andere Regelungsbereiche bestätigt. Womöglich liegen die Gründe dafür darin, dass der Anteil der Unternehmen, die in wirklich sehr jungen Märkten gegründet haben, in der vorliegenden Stichprobe auffallend klein war, so dass eine sehr weite Definition (jünger als 20 Jahre) dynamischer Unternehmen erfolgen musste (siehe Abschnitt 3.1.2).

Der Einfluss von OSTDEUTSCHLAND und von SPD-REGIERT ist nicht eindeutig. So vermindert sich die Wahrscheinlichkeit, mit der Stellplatzverordnung in Kontakt zu kommen, wenn man in einem SPD-regierten Bundesland gründet. Allerdings sind die, nach den bisherigen Untersuchungen bedeutsameren, Regelungen zu Feuerschutz und Umweltschutz positiv mit einer SPD-Regierung korreliert. Die Neugründung eines Unternehmens schließlich erhöht die Wahrscheinlichkeit, von der Stellplatzverordnung und von Genehmigungen für spezielle Wirtschaftszweige betroffen zu sein. Derartige Unterschiede beschwören die im Abschnitt 2.4 diskutierten Gefahren, die von inhomogenen Behördenleistungen und Regelungsapparaten ausgehen können. Das Ergebnis darf allerdings nicht gleich dahingehend interpretiert werden, dass in SPD-regierten Bundesländern mehr unsinnige Regelungen anzutreffen sind als in CDU-regierten Ländern. Um Wanderungstendenzen vorzubeugen, sollte es allerdings als ein Signal zum Handlungsbedarf empfunden werden. Leider war die Zahl der Beobachtungen nicht groß genug, um weitere Heterogenitäten (regionale oder gar kommunale) zu kontrollieren.

In einem weiteren Schritt wurde untersucht, von welchen Faktoren der Grad der Behinderung durch die einzelnen Regelungen bestimmt wird. Die interviewten Gründer wurden zu jeder Regelung, die relevant für sie war, gebeten, den Grad der Behinderung auf einer Skala von *0-Gar nicht* bis *5-Sehr stark* behindernd festzulegen. Für die folgende Untersuchung wurde jedem Befragten, für den die entsprechende Regelung nicht relevant war, ebenfalls der Wert *0* zugeordnet, da auch diese Personen „gar nicht" von der Regelung behindert wurden. Die endogene Variable kann somit Werte zwischen *0* und *5* annehmen, eine Ordered-Probit-Schätzung ist das angemessene Verfahren. Da die Frage nach dem Grad der Behinderung auch eine subjektive Komponente enthält, wurden nicht nur die institutionellen Faktoren, sondern auch die persönlichen Faktoren in die Schätzgleichung einbezogen. Die Tabelle 21 hält die Ergebnisse der durchgeführten Schätzungen fest. Die verwendeten Zeichen müssen wie folgt interpretiert werden: Ein „+" zum Beispiel bei der Variable GRÖßE bedeutet, dass sich der wahrscheinliche Grad der Behinderung durch die entsprechende Regelung erhöht, je höher das Investitionsvolumen ist. Entsprechend würde ein „-" genau den umgekehrten Fall wiedergeben.

Für Feuerschutzvorschriften, Umweltschutzgesetze, Bauverordnungen und die Stellplatzverordnung bestimmt die geplante Unternehmensgröße das Ausmaß der Behinderung in signifikantem Maße mit. Je größer das geplante Existenzgründungsprojekt, umso hinderlicher wirken diese Regelungen (vgl. Tabelle 21).

Ein Einfluss der regierenden Partei im Bundesland findet sich nur noch bei den Umweltschutzgesetzen. Es gilt also nicht nur, dass die Wahrscheinlichkeit für die Relevanz dieses Bereiches in einem SPD-regierten Bundesland höher ist. Auch die Behinderung durch diese Vorschriften ist größer als in CDU-regierten Bundesländern. Bei den Feuerschutzvorschriften ist dies nicht der Fall. Die Wahrscheinlichkeit für ihre Relevanz ist zwar höher bei einer SPD-Regierung, der Grad der Behinderung aber trotzdem nicht höher als in den anderen Bundesländern.

Tabelle 21: Mögliche Einflussfaktoren auf den Grad der Behinderung von Regelungen aus dem Bereich der Gewerbeaufsicht

Einflussfaktoren / Regelung	Feuerschutz-vorschriften	Umweltschutz-gesetze	Arbeitsstätten-verordnung	Bauverordng. / –maßnahmen
OSTDEUTSCHLAND				
SPD-REGIERT		+		
WIRTSCHAFTSZWEIG				
JUNGER MARKT				
FÖRDERJAHR		*		
NEUGRÜNDUNG				
GRÖßE	+	+		+
WETTBEWERBSINTENSITÄT				
KAUFMÄNNISCHE KENNTNISSE				
BRANCHENKENNTNISSE		-		
UNTERNEHMERISCHE KENNTNISSE				
ÜBERBRÜCKUNGSGELD				+
SCHULABSCHLUSS				
FRAU				
LEBENSALTER			-	

Einflussfaktoren / Regelung	Stellplatz-verordnung	Spezielle Genehmg.	Schulungs-maßnahmen
OSTDEUTSCHLAND	-		
SPD-REGIERT			
WIRTSCHAFTSZWEIG		*	*
JUNGER MARKT			
FÖRDERJAHR			*
NEUGRÜNDUNG			
GRÖßE	+		
WETTBEWERBSINTENSITÄT			
KAUFMÄNNISCHE KENNTNISSE			
BRANCHENKENNTNISSE		-	-
UNTERNEHMERISCHE KENNTNISSE			
ÜBERBRÜCKUNGSGELD			
SCHULABSCHLUSS			
FRAU		-	
LEBENSALTER			

Erläuterungen: +/-: Variable erhöht/vermindert den Grad der Behinderung durch die entsprechende Regelung in signifikantem Ausmaß (z-Test bzw. LR-Test, 10 %). * : Variablengruppe ist signifikanter Einflussfaktor (Likelihood-Ratio-Test, 10 %).

Bei 2 von 8 Regelungen ist der Wirtschaftszweig ein entscheidender Faktor für das Ausmaß der Behinderung. Allerdings handelt es sich hier um die relativ unbedeutenden Regelungen der Genehmigungen für spezielle Wirtschaftszweige und der Schulungsmaßnahmen. Das Gastgewerbe, bei der Wahrscheinlichkeit für ein Zutreffen der Regelungen noch an vorderster Position, nimmt hier nur noch eine mittlere Position ein. Zumindest bei diesen Regelungen scheint es so zu sein, dass für das Gastgewerbe zwar überdurchschnittlich viele Verordnungen relevant sind, es sich dabei aber um vergleichsweise „harmlose", d.h. wenig behindernde Regelungen handelt. Der Gesundheitssektor ist auch bei dem Ausmaß der Behinderung weit vorne anzutreffen, und für das Baugewerbe gilt, dass die Gründer dort nicht nur mit wenigen Regelungen konfrontiert werden, sondern diese auch nicht als stark behindernd empfinden. Die genauen Positionen der einzelnen Wirtschaftszweige zeigt die Tabelle 22.

Tabelle 22: Einfluss der Wirtschaftszweige und der Förderjahrgänge auf den Grad der Behinderung der betroffenen Regelungen

Regelung / Wirtschaftszweig	Spezielle Genehmigungen	Schulungsmaßnahmen
Verarbeitendes Gewerbe	4.	1.
Baugewerbe	7.	6.
Handel	5.	7.
Gastgewerbe	3.	4.
Verkehr und Nachrichten	2.	3.
Gesundheitsgewerbe	1.	2.
Dienstleistungsgewerbe	6.	5.

Regelung / Förderjahr	Umweltschutzgesetze	Schulungsmaßnahmen
1992	1.	3.
1994	3.	2.
1996	2.	1.

Erläuterung: Mit einer 1. ist wieder der Wirtschaftszweig bzw. Förderjahrgang gekennzeichnet, der am stärksten durch die Regelung behindert wird.

Der Innovationsgrad der Unternehmen sowie der Tatbestand einer Neugründung haben keine Auswirkung auf den Grad der Behinderung durch die Regelungen aus dem Bereich der Gewerbeaufsicht. Das Förderjahr ist für Umweltschutzgesetze und Schulungsmaßnahmen von Bedeutung (vgl. Tabelle 21). Während der Einfluss auf die Umweltschutzgesetze nicht sicher interpretiert werden kann, nimmt die Behinderung durch Schulungsmaßnahmen mit den Jahren eindeutig zu.

Bei den persönlichen Faktoren sind es 4 Variablen, die eine signifikante Rolle als Einflussfaktoren spielen.[115] Branchenkenntnisse führen in 3 Fällen – Um-

[115] Um zu verhindern, dass eine potentielle Signifikanz einzelner persönlicher Faktoren durch die hohe Zahl an insignifikanten, institutionellen Variablen verschleiert wird (die Anzahl der Freiheitsgrade der Teststatistik hängt von der Zahl der exogenen Variablen ab), wurden auch Schätzungen durchgeführt, in denen sämtliche insignifikanten Variablen aus dem Kreis der

weltschutzgesetze, spezielle Genehmigungen und Schulungsmaßnahmen – zu einer Verringerung des Grades der Behinderung. Interessant hierbei ist auch, dass kaufmännische Kenntnisse und unternehmerische Erfahrung keinen solchen Effekt aufweisen. Insbesondere Branchenkenntnisse können also Schwierigkeiten mit administrativen Regelungen im Bereich der Gewerbeaufsicht vermeiden helfen. Wie bereits im Abschnitt 2.3.5 gesagt wurde, kann daraus jedoch nicht die Maxime abgeleitet werden, die Gründer müssten sich eben mit den entsprechenden Erfahrungen versorgen. Es ist geradezu trivial, dass Personen, die bereits in bestimmten Bereichen Erfahrungen gemacht haben, in der Tendenz einen leichteren Umgang mit diesen Bereichen pflegen können.

Als zweiter persönlicher Faktor wirkt das Alter der Gründer auf die Regelungen. Die Behinderung durch die Arbeitsstättenverordnung ist um so geringer, je älter der Gründer ist. Auch hier bieten sich mehrere Interpretationsmöglichkeiten. Diese Regelung wird in den Intensiv-Interviews sehr kritisch bewertet (vgl. hierzu die Tabelle 25 auf Seite 93). Lediglich 14 Prozent der hierzu näher Befragten bezeichnen sie als sinnvoll, im gesamten Bereich der Gewerbeaufsicht werten dagegen fast 50 Prozent der Befragten die jeweilige Regelung als sinnvoll. Eventuell bedeutet ein höheres Alter in diesem Zusammenhang ein höheres Maß an Routine im Umgang mit nicht-einsichtigen Verordnungen. Möglicherweise kommt hier aber auch eine andere subjektive Bewertung der Behinderungen durch die älteren Gründer zum Ausdruck. Die Daten geben hierüber keinen Aufschluss. Man kann jedoch klar festhalten, dass es keinen Hinweis dafür gibt, dass jüngere Gründer die Schwierigkeiten der Gründungsphase, die sich im Bereich der Gewerbeaufsicht ergeben, besser meistern als ältere Personen. Empfänger von Überbrückungsgeld wurden stärker durch Bauverordnungen und –maßnahmen eingeschränkt als der Rest der Befragten. Und schließlich zeigte sich, dass Frauen im Bereich der Genehmigungen für spezielle Wirtschaftszweige weniger Schwierigkeiten mit den Vorschriften haben als männliche Gründer.

3.2.1.4. Bewertung durch die Gründer

Aus den 316 Befragten wurden 66 Gründer nochmals befragt. Diese hatten angegeben, dass sie von einer speziellen Regelung stark oder sogar sehr stark in ihrer Existenzgründung behindert wurden. Dabei fühlten sich 36 von Regelungen der Gewerbeaufsicht belastet. Bei der Auswahl zu diesen Interviews wurde darauf geachtet, dass a) stark behindernde Regelungen entsprechend häufiger vertreten waren, b) aus jeder festgestellten Rubrik der entsprechenden Regelung – falls sie denn Behinderungen vom Wert stark oder sehr stark aufzuweisen hat-

---

institutionellen Einflussfaktoren entfernt wurden. In keinem Fall veränderte sich dadurch jedoch der Befund für die persönlichen Faktoren.

te – zumindest eine Person angesprochen wurde und c) besonders Teilnehmer gewählt wurden, die zu einem von der Regelung überdurchschnittlich betroffenen Wirtschaftszweig gehörten. Teilweise waren die Gründer jedoch nicht mehr zu einem weiteren Interview bereit, so dass sich bei den tatsächlich durchgeführten Interviews die in Tabelle 23 festgehaltene Verteilung der Regelungen ergab.

Tabelle 23: Anzahl Intensiv-Interviews im Bereich der Gewerbeaufsicht

Regelung	Anzahl Interviews
Feuerschutzvorschriften	8
Umweltschutzgesetze	3
Arbeitsstättenverordnung	7
Bauverordnungen und –maßnahmen	12
Stellplatzverordnung	2
Spezielle Genehmigungen	2
Schulungsmaßnahmen	2
Gesamt Gewerbeaufsicht	36

Die Interviews wurden ebenfalls telefonisch durchgeführt, diesmal jedoch als Leitfaden-Interviews. Die Teilnehmer wurden gebeten, ihren Fall und die behördliche Abwicklung der Regelung, die sie besonders behinderte, nochmals ausführlich zu schildern. Die Interviewer waren angewiesen, die Gespräche frei zu führen, wobei es jedoch mehrere Fragestellungen gab, die im Verlauf des Gespräches durch die Befragten beantwortet werden sollten.[116] Die Gründer wurden gebeten, die Qualität der Regelung sowie die Qualität der zuständigen Behörde zu bewerten. Weiterhin wurde eine Beurteilung von den Befragten dahingehend eingeholt, ob es sich nach ihrer Meinung um eine sinnvolle Regelung handelt und wie diese Regelung möglicherweise verbessert werden könnte.[117]

Die aus den Intensiv-Interviews gewonnenen Informationen wurden klassifiziert. Tabelle 24 hält die Ergebnisse fest. Es erstaunt dort, dass mehr als 40 Prozent eine Regelung positiv bewerten, die stark behindernd auf ihre Gründung

[116] Zu den Vor- und Nachteilen der verschiedenen Interviewarten und dem Ausmaß der Standardisierung vgl. z.B. Lamnek (1995).

[117] Es wurde auch die Frage gestellt, welche Kosten und welcher Zeitaufwand trotz Einhaltung der Regelung vermeidbar gewesen wäre. Auf diese Fragestellung gingen die meisten Interviewpartner jedoch nicht ein. Oftmals wurde diese Frage auch missverstanden. Aus diesem Grund werden die Antworten auf diese Frage nicht weiter dokumentiert.

wirkte.[118] 11 Prozent bezeichnen die behindernde Regelung als „Reine Schikane".

Tabelle 24: Qualität der Regelung im Bereich der Gewerbeaufsicht

Beurteilung	Anzahl	Prozent*)
Sinnvolle Regelung	6	16,7
Leicht umsetzbar und verständlich	9	25,0
Teure Umsetzbarkeit	4	11,1
Mangelnder Differenzierungsgrad	0	
Willkürliche Vorschriften	2	5,6
Undurchschaubar	7	19,4
Nicht verständlich bzw. schwer umsetzbar	3	8,3
Reine Schikane	4	11,1
Sonstiges	1	2,8
Keine Angabe	4	11,1

*) Mehrfachnennungen waren möglich, aus diesem Grund addieren sich die Zahlen auf mehr als 100 Prozent.

Deutliche Unterschiede hinsichtlich der Qualitätsbewertung treten nochmals auf, wenn man diese Aussagen nach den einzelnen Regelungen differenziert (vgl. Tabelle 25). Die Umweltschutzgesetze scheinen verständlich zu sein und stoßen selbst bei den Betroffenen auf starke Akzeptanz.[119] Demgegenüber handelt es sich bei der Arbeitsstättenverordnung um eine Regelung, die hinsichtlich ihrer Qualität sehr schlecht beurteilt wird. Nur eine von 7 Befragten bezeichnet sie als „leicht verständlich und umsetzbar", die anderen Befragten vermuten „Willkür" und attestieren „Undurchschaubarkeit". Gleich 2 Befragte sprechen hier sogar von „Schikane". Die Akzeptanz der einzelnen Regelungen lässt sich recht gut durch die Antworten auf die Frage, ob es sich um eine sinnvolle Regelung handelt, abbilden.[120]

Die Behörden kommen in der vorliegenden Umfrage deutlich schlechter weg als die Regelungen selbst. Das ist deckungsgleich mit den Erfahrungen aus der WSF/Econ-Consult-Studie.[121] Bezüglich der Interpretation der Zahlen in diesem Abschnitt sei noch einmal in Erinnerung gerufen, dass bei den Teilnehmern an

[118] Als „Sinnvoll" bezeichneten 16,7 Prozent die entsprechende Regelung, als „Leicht verständlich und umsetzbar" sogar 25 Prozent. Da es zwischen diesen Aussagen keine Doppeltnennungen gab, können die Werte für die Einschätzung addiert werden.

[119] Es darf jedoch nicht vergessen werden, dass hier lediglich 3 Betroffene zu Wort kamen.

[120] Angesichts der geringen Fallzahlen wurde Tabelle 25 nicht differenziert präsentiert.

[121] Vgl. WSF/Econ-Consult (1999, S. 88).

den Intensivinterviews eine Vorauswahl getroffen wurde. Es handelt sich daher um eine verzerrte Teilgruppe der insgesamt in dieser Studie verwendeten Stichprobe. Dennoch lassen sich Aussagen wie die obige treffen. Gerade weil es sich um eine Personengruppe handelt, die besonders von Regelungen betroffen war, ist es umso mehr überraschend, dass dort eine so hohe Akzeptanz der Regelungen anzutreffen ist.

Tabelle 25: Bewertung der einzelnen Regelungen im Bereich der Gewerbeaufsicht

Regelung	Sinnvoll	Nicht sinnvoll
Feuerschutzvorschriften	6	2
Umweltschutzgesetze	3	0
Arbeitsstättenverordnung	1	6
Bauverordnungen und –maßnahmen	7	5
Stellplatzverordnung	0	2
Spezielle Genehmigungen	0	2
Schulungsmaßnahmen	1	1
Summe	18	18

In der Untersuchung von Skambracks, die sich nicht auf behördliche Einzelbereiche konzentrierte, sondern allgemein nach der Freundlichkeit der Behörden fragte, zeigte sich, dass 15,5 % der Befragten schlechte und sehr schlechte Erfahrungen mit den Sachkenntnissen der Behördenmitarbeiter machten.[122]

Tabelle 26: Qualität der Behörde im Bereich der Gewerbeaufsicht

Beurteilung	Anzahl	Prozent
Kein Problem	6	16,7
Willkür	2	5,6
Keine Nutzung von Gestaltungsspielräumen	12	33,3
Lange Bearbeitungszeiten	8	22,2
Mangelnde Qualifikation des Beamten	6	16,7
Mangelnder Informationsfluss	2	5,6
Sonstiges	7	19,4
Keine Angabe	2	5,6

[122] Vgl. Skambracks (1999, Kapitel 3).

Nach der Qualität der Behörden gefragt, gab nur jeder sechste der Befragte an kein Problem mit der Behörde gehabt zu haben (vgl. Tabelle 26). Dabei sei noch einmal erwähnt, dass alle befragten Existenzgründer mit Eigenkapitalhilfe der DtA gefördert wurden. Im Bewilligungsprozess erfolgt eine Selektion der Existenzgründer, die fachliche Kompetenz und ein tragfähiges Unternehmenskonzept aufweisen können. Aufgrund dieser Vorselektion wird der Anteil der Gründer, die wegen grundsätzlich vorhandener Inkompetenz Probleme mit den Behörden haben, sicherlich deutlich reduziert.[123]

Jeder dritte Gründer gab an, dass die Behörde die seiner Meinung nach vorhandenen Gestaltungsspielräume nicht genutzt hat. Lange Bearbeitungszeiten bemängeln immerhin 22,2 Prozent der Befragten.[124] 16,7 Prozent der Gründer sehen einen Grund für ihre Schwierigkeiten in der mangelnden Qualifikation des Beamten. Die Behörden könnten die Institutionen sein, die existierende Regelungen so operativ umsetzen, dass Existenzgründer mit ihrer Hilfe möglichst reibungslos durch den Regelwald geleitet werden. In der Bewertung der Gründer scheint es jedoch eher umgekehrt zu sein. Über die eigentlichen Regelungen hinaus, die in einem recht hohen Maße akzeptiert werden, kommt als weitere Schwierigkeit der Umgang mit den Behörden auf die Gründer zu. Diese unterschiedliche Bewertung von Regelung und Behörde findet sich auch in den Verbesserungsvorschlägen der Gründer wieder, die in Tabelle 27 klassifiziert werden.

Es beziehen sich 8 Antworten auf die Regelungen, auf die Arbeit der Behörden beziehen sich dagegen 20 Verbesserungsvorschläge. Auch hier stellt man also fest, dass die Befragten eher Handlungsbedarf bei den Behörden sehen als bei den Regelungen selbst. 22,2 Prozent der Befragten schlägt vor, die Zuständigkeiten der Behörden besser und verständlicher zu regeln. Dieser Punkt zieht sich auch wie ein roter Faden durch die Fallschilderungen. Es kommt sehr häufig vor, dass es einander widersprechende Aussagen unterschiedlicher Behörden gibt, zwischen denen der Gründer vermitteln und nach einem Kompromiss suchen muss (vgl. die Fallschilderungen auf S. 165 im Anhang). Dies erfordert Zeit und Kosten, welche die sowieso schon extreme Situation einer Existenz-

[123] Vgl. Skambracks (1999, S. 7).

[124] Dass es sich hierbei nicht um Verzögerungen von ein paar Tagen, sondern um massive Beeinträchtigungen des Gründungsgeschehens durch Bearbeitungszeiten von mehreren Monaten oder sogar Jahren handeln kann, zeigen sowohl die Untersuchungen von Skambracks (1999) als auch die im Anhang dokumentierten Fälle.

gründung unnötig erschweren.[125] Eine höhere Flexibilität der Behörden mahnt sogar jeder vierte Existenzgründer an.

Tabelle 27: Verbesserungsvorschläge der Betroffenen im Bereich der Gewerbeaufsicht

Vorschlag	Anzahl	Prozent
Regelung sollte wegfallen	4	11,1
Standardisierung der Regelung	4	11,1
Bessere Regelung der Zuständigkeiten unter den Behörden	8	22,2
Erhöhung der Flexibilität der Behörden	9	25,0
Verschärfung der Kontrolle durch die Behörden, um Willkür einzudämmen	3	8,3
Ausweitung der Entscheidungsbefugnisse der Gründer	2	5,6
Sonstiges	1	2,8
Keine Angabe	7	19,4

Wie bereits im Abschnitt 2.3 diskutiert wurde, können Gründer und Gründerinnen nicht über die Kenntnisse im Regelapparat verfügen, die bei den Behördenmitgliedern häufig vorausgesetzt wird. Es ist hinsichtlich der Lösung dieses Problems meistens viel aufwendiger, Maßnahmen zu ergreifen, die den Kenntnisstand der Gründer erhöhen, da diese eigentlich ihrem Geschäft nachgehen sollten. Ein fachkenntnisreiches und zuvorkommendes Behördenangebot ist aus dieser Perspektive eher die richtige Zielrichtung, da diese Attribute zum Kerngeschäft einer modernen Behörde gehören.

Diese Vorschläge bestätigen deutlich den von der Deutschen Ausgleichsbank ins Gespräch gebrachten Ansatzpunkt, sogenannte One-Stop-Shops zu schaffen, in denen die Gründer einen Ansprechpartner, Koordinator und Vermittler für alle Punkte finden, die ansonsten im Kontakt mit den verschiedensten Behörden geregelt werden müssten. Wir haben die Interviewpartner nach ihrer Zahlungsbereitschaft für eine solche Einrichtung gefragt. Da sich ein solcher One-Stop-Shop allerdings nicht nur der Regelungen der Gewerbeaufsicht, sondern aller behördlicher Regelungen annehmen sollte, werden diese Ergebnisse erst im Anschluss an die anderen Bereiche in Kapitel 3.3 behandelt.

---

[125] Es konnte leider in der vorliegenden Untersuchung nicht geklärt werden, welcher Teil dieser Kosten bei Einhaltung der Regelungen unvermeidlich ist und wie viel durch mangelnde Koordination und Flexibilität der Behörden verursacht wurde.

3.2.1.5. Gesamtwirtschaftliche Bewertung der geschilderten Fälle unter Berücksichtigung des Behördenstandpunktes

In diesem Abschnitt werden die in den Intensiv-Interviews geschilderten Fälle einer gesamtwirtschaftlich motivierten Einschätzung unterzogen. Dabei fließen die aus den Gesprächen mit den Behörden gewonnenen Informationen ein. In diesen Gesprächen waren nach Auffassung der Autoren des öfteren sehr Status quo orientierte Ansichten erkennbar, die von den Autoren häufig nicht geteilt werden konnten. Spezifische Regelungen machten zwar vor dem Hintergrund des bestehenden Regelungsapparates Sinn, das Problem war jedoch, dass eben die Reformbedürftigkeit desselben nur selten in Frage gestellt wurde. So wurde beispielsweise eine Auflage beim Denkmalschutz damit gerechtfertigt, dass sie der geltenden Rechtslage entspräche. Ein Mitarbeiter des Amtes für Arbeitsschutz betonte lapidar, dass es für einen reibungslosen Durchlauf eines Antrags wesentlich sei, dass dieser korrekt und eindeutig gestellt wurde. Die Autoren gewannen den Eindruck, dass der Nutzen von behördlichen Regelungen stärker im Bewusstsein der Behördenmitglieder verankert ist, als damit verbundene Nachteile und Kosten. Bezüglich der jeweiligen Sachgebiete erweckten die Behördenmitglieder allerdings einen ausgesprochen kompetenten Eindruck.

Wie die Fallschilderungen (im Anhang ab Seite 165) zeigen, bestand ein häufig auftretendes Problem darin, dass Behörden widersprüchliche Entscheidungen trafen oder sich sogar über die zuständigen Kompetenzen stritten.[126] Die Behördengespräche waren hier wenig aufschlussreich. Es bestand die Tendenz, die Fehler wechselseitig der anderen Behörde zuzuweisen. Die langen Bearbeitungszeiten und auch fehlende Betreuungsleistungen durch die Sachbearbeiter wurden mit den in vielen Behörden bestehenden Personalnotständen erklärt. Allerdings wurde unterschwellig die Situation in den anderen Behörden als weit weniger dramatisch dargestellt, als die in der eigenen Gruppe. Da die Behördenmitglieder hier über Informationsvorteile verfügen (siehe dazu Abschnitt 2.5.1), erschien eine Vertiefung der Gespräche wenig fruchtbar.

Aus übergeordneter Perspektive scheinen aber Verbesserungen in der Ablauforganisation der Behörden durchaus möglich zu sein.[127] Aus den Fallschilderungen zum Bereich Gewerbeaufsicht lassen sich die folgenden Empfehlungen herleiten:

- Kompetenzprobleme zwischen den Behörden sollten minimiert werden. Sie dürfen nach Möglichkeit nicht zu Verzögerungen führen.

---

[126] Siehe z.B. die Lfd.-Nr. 1, 3, 5 und 8 der Fallschilderungen im Anhang ab Seite 165.

[127] Siehe dazu die ausführliche Arbeit des Sachverständigenrates (1998b).

- Widersprüchliche Entscheidungen dürfen nicht auf dem Rücken der Betroffenen ausgetragen, sondern durch ein gemeinsames Vorgehen der zuständigen Ämter gelöst werden. Außerdem sollte ein stärkerer Bestandsschutz gegenüber behördlichen Entscheidungen gelten. Eine weitere Möglichkeit wären vorläufige Genehmigungen sowie Karenzzeiten, nachdem zuvor die wichtigsten Standards sichergestellt wurden.

- One-Stop-Shops könnten Konflikte vermeiden helfen. Wie von WSF/Econ-Consult richtig dargestellt wird, reicht die bloße Schaffung einer solchen Stelle selbstverständlich nicht aus.[128] Sie muss mit bestimmten Kompetenzen ausgestattet werden und so in das behördliche Netzwerk integriert sein, dass sie auch tatsächlich umfassende Problemlösungen anbieten kann. Außerdem ist eine leistungsorientierte, privatwirtschaftliche Organisation anzustreben. Der Erfolg der Einrichtung sollte sich auch danach bestimmen, inwiefern es ihr gelingt, Bearbeitungszeiten zu reduzieren oder gar von ihr gemachte Vorschläge zur Entbürokratisierung zur Umsetzung zu bringen.

- Ansatzpunkte für eine Entbürokratisierung werden in einer stärkeren Betonung marktwirtschaftlicher Lösungen gesehen, sowie in der Verlagerung auf flexiblere Instrumente (z.B. Verschärfung der Haftungsregelungen oder Verlagerung der Problemlösungsebene auf die Tarifvertragsebene, etwa in den Bereichen der Arbeitsstättenverordnung oder der Arbeitszeitregelung).

Auffallend war aber auch bei den Fallschilderungen, dass nur selten die Regelungen selber in Frage gestellt wurden. Weit häufiger gab der behördliche Umgang mit den Regelungen Anlass zur Kritik. Über die richtige Interpretation dieses Ergebnisses, das auch von in der WSF/Econ-Consult-Studie hervorgehoben wurde, lässt sich allerdings streiten.[129] Sicherlich zeugt das zum einen von einem breiten Verständnis für den Regelungsapparat der Gesellschaft. Dennoch gehört zu einer qualifizierten Kritik eben auch die Kenntnis alternativer Lösungsansätze. Außerdem darf die Beharrungstendenz des Status quo nicht unterschätzt werden. Diskussionen werden in diesem Zusammenhang häufig sehr emotional geführt. Nach dem Explosionsunglück in Enschede wird gerne auf die in Deutschland herrschenden hohen Standards hingewiesen. Auf der anderen Seite ist es in Großbritannien oder den Niederlanden noch nicht zu einer Brandkatastrophe wie der am Flughafen Düsseldorf gekommen, obwohl dort diesbezüglich liberalere Gesetzgebungen und laxere Kontrollen existieren sollen. Auch dem Hinweis, dass es bei vielen dieser Regelungen um Menschenleben geht, wird im Alltag sehr unterschiedliches Gewicht beigemessen. Man möchte sich dazu nur

[128] WSF/Econ-Consult (1999, S. 106)

[129] WSF/Econ-Consult (1999, S. 88)

die Themen Geschwindigkeitsbeschränkungen und Alkoholmissbrauch im Autoverkehr vor Augen halten. Es bestätigt sich in diesem Zusammenhang vielmehr der Verdacht, dass gewohnte Strukturen eher akzeptiert werden als neue, selbst wenn die Vorteile einer Änderung auf der Hand liegen. Dennoch sollten sinnvolle Änderungen nicht einfach aufgesetzt werden. Die notwendige gesellschaftliche Akzeptanz lässt sich nur mit sorgfältig durchgeführten Maßnahmen erreichen, die gezielt ein *Umdenken in den Köpfen* fördern.

3.2.2. Regelungen aus dem Bereich Fiskus/Steuern

Die zweite Gruppe der Regelungen, die im Rahmen des Telefoninterviews abgefragt wurde, beinhaltete die Vorschriften, die dem Bereich Fiskus/Steuern zuzuordnen sind. Im einzelnen wurden die folgenden Regelungen abgefragt:

1. Einkommen- bzw. Umsatzsteuer (A.2.1.)
2. Gewerbe- bzw. Körperschaftssteuer (A.2.2.)
3. Grundsteuer (A.2.3.)
4. Kommunale Steuern (A.2.4.)
5. Sonstiges Fiskus/Steuern (A.2.5.)

3.2.2.1. Relevanz und Grad der Behinderung

Da für jeden Gründer die Zahlung der wichtigsten Steuerarten ein relevanter Bereich ist, erschien es nicht sinnvoll, die Frage nach der Relevanz der einzelnen Regelungen zu stellen. Statt dessen wurde gefragt, ob bei der jeweiligen Steuerart besondere Hindernisse auftraten.[130] Die Tabelle 28 fasst die Angaben der Interviewten zusammen.

Tabelle 28: Ausmaß der Behinderung im Bereich Fiskus/Steuern

Platz	Regelung	Befragte, welche die Regelung als besonders hinderlich bezeichneten	
		absolut	Prozent
1.	Einkommen- bzw. Umsatzsteuer	53	16,8
2.	Sonstiges Fiskus/Steuern	30	9,5
3.	Grundsteuer	20	6,3
4.	Kommunale Steuern	12	3,8
5.	Gewerbe- bzw. Körperschaftssteuer	8	2,5

[130] Eine Skala zur Bestimmung des Grades der Behinderung liegt bei dieser Fragestellung ebenfalls nicht vor.

Ungefähr bei jeder sechsten Unternehmensgründung traten besondere Hindernisse im Zusammenhang mit der Einkommen- bzw. Umsatzsteuer auf. Damit ist diese Steuer mit Abstand die belastendste Steuerart.

Tabelle 29: Ausmaß der Behinderung im Bereich Fiskus/Steuern nach Rubriken

Rubrik	Anzahl	Prozent
Einkommen- bzw. Umsatzsteuer		
Umstellung von monatlicher auf vierteljährliche Umsatzsteuerzahlung	5	9,4
Liquiditätsprobleme durch verzögerte Vorsteuerrückerstattung	13	24,5
Liquiditätsprobleme durch zu knappe Fristen zur Errichtung d. Umsatzsteuer	10	18,9
Zu knappe Fristen zur Abgabe der Umsatzsteuererklärung	2	3,8
Betriebsprüfungen	3	5,7
Unverständliche Regelungen, Versäumnisse, Unkenntnis des Finanzamtes	8	15,1
Sonstiges	12	22,6
Gesamt	53	100,0
Gewerbe- bzw. Körperschaftssteuer		
Keine Systematik, nur geringe Anzahl Nennungen		
Gesamt	8	100,0
Grundsteuer		
Hohe Nachzahlungen	7	35,0
Neubewertungen und Erhöhungen	3	15,0
Generell zu hoch	4	20,0
Sonstiges	6	30,0
Gesamt	20	100,0
Kommunale Steuern		
Touristiksteuer, Fremdenverkehrsabgaben	5	41,7
Sonstiges	7	58,3
Gesamt	12	100,0
Sonstiges Fiskus / Steuern		
Zu hohe Steuern	4	13,3
Hoher Aufwand, Buchhalter/Steuerberater erforderlich	11	36,7
Probleme mit Investitionszulagen	3	10,0
Liquiditätsprobleme wegen sofortiger Zahlbarkeit	2	6,7
Mangelnde Berücksichtigung außergewöhnlicher Umstände	4	13,3
Sonstiges	6	20,0
Gesamt	30	100,0

Knapp 10 Prozent der Befragten nennen Problembereiche, die nicht durch die vorher abgefragten Steuerarten abgedeckt sind. Hier werden allerdings nicht weitere Steuerarten genannt, sondern hauptsächlich der hohe Aufwand beklagt,

der mit der Steuerermittlung und –abführung einhergeht und der in sehr vielen Fällen die Einschaltung eines Experten – sei es nun im internen Bereich ein geschulter Buchhalter oder der externe Steuerberater - unvermeidbar macht.[131]

Etwa 6 Prozent der Interviewpartner führten besondere Probleme mit der Grundsteuer an. Kommunale Steuern und die Gewerbe- bzw. Körperschaftssteuer erwiesen sich als Steuerarten mit einer sehr geringen Wahrscheinlichkeit des Auftauchens von besonderen Hindernissen. Aufgrund der in Abschnitt 3.2.1.1 diskutierten Mängel einer solchen Betrachtung wird auf eine weitergehende Aufteilung der Belastungen nach einzelnen Merkmalen verzichtet.

3.2.2.2. Kosten der Regelungen

Für die Bereiche Steuern und Abgaben lässt sich die Frage zu den Kosten nur schwer eruieren. Die zu zahlenden Steuern haben nicht den Charakter einer Aufwendung, die zur Gründung eines Unternehmens getätigt werden muss. Gleiches gilt beispielsweise für laufende Kosten wie Buchführung sowie Steuer- und Rechtsberatungen. Anfangsinvestitionen bestehen in diesem Bereich in der Form von aufwendigen Lernprozessen, um die anfallenden Tätigkeiten zur Routine werden zu lassen. Ein Teil dieser Leistung kann jedoch am Markt z.B. in der Form des Erwerbs von Steuerberaterleistung gekauft werden. Die Lernprozesse entfallen dadurch zu einem großen Teil. Die Steuerberatung nimmt dadurch eine verwandte Position ein, wie sie einer One-Stop-Agency zugedacht wird.

Allerdings lässt sich prinzipiell an der Komplexität des deutschen Steuerrechtssystems Kritik üben. Sie stellt allgemein einen wichtigen Belastungsfaktor in Form von Kosten und Zeit dar, die ein Existenzgründer zu tragen hat. Darunter haben jedoch nicht alleine die Unternehmensgründungen zu leiden, sondern allgemein sämtliche Steuerzahler. Leider müssen bislang sämtliche Versuche als gescheitert betrachtet werden, die zu einer Vereinfachung des Steuersystems führen sollten (siehe dazu auch Abschnitt 2.5.2).

3.2.2.3. Ökonometrische Untersuchung der Einflussfaktoren

Im Bereich von Fiskus bzw. Steuern wurde gefragt, ob es Regelungen gab, die besonders hinderlich waren. Ad hoc lassen sich weder institutionelle noch persönliche Einflussfaktoren ausschließen, da sowohl die institutionellen Faktoren, wie z.B. die Größe des Unternehmens, eine Rolle für das Ausmaß der Behinderung spielen können als auch persönliche Faktoren, die z.B. darüber entscheiden können, ob eine bestimmte Vorschrift als „besonders hinderlich" oder vielleicht

[131] Tabelle 29 weist die einzelnen genannten Rubriken detailliert aus.

nur als „notwendiges Übel" bewertet wird. Es tritt nun bei der ökonometrischen Untersuchung das Problem auf, dass lediglich für den Bereich Einkommen- bzw. Umsatzsteuer (und eventuell noch für den Bereich Sonstiges) die Anzahl der Personen, die angaben, mit besonderen Hindernissen konfrontiert zu sein, ausreichend hoch ist, um eine Probit-Schätzung mit den bekannten Einflussfaktoren durchführen zu können. Wie bereits erwähnt, ist es zur Durchführung der Schätzung erforderlich, dass es mindestens so viele 0/1-Ausprägungen gibt wie exogene Variable in die Schätzung eingeführt werden. Diese Regel ist nur für die Einkommen- bzw. Umsatzsteuer klar erfüllt.[132] Es wurde deshalb für den Bereich Fiskus / Steuern so vorgegangen, dass die abgefragten Regelungen zu einer Gesamtantwort auf die Frage „Gab es im Bereich Fiskus/Steuern eine für Sie besonders hinderliche Regelung?" aggregiert wurden. Jede Person, die in mindestens einem der 5 abgefragten Bereiche mit „Ja" geantwortet hatte, wurde dem Kreis der Personen zugeordnet, die besondere Hindernisse im Bereich von Fiskus/Steuern zu bewältigen hatten. Für 100 Personen (31,65 Prozent) traf dies zu, bei 216 Personen (68,35 Prozent) fielen im Rahmen ihrer Gründung keine besonderen Hindernisse im Bereich von Fiskus / Steuern an.

Tabelle 30 hält die Wahrscheinlichkeiten fest, mit besonderen Hindernissen im Bereich Fiskus/Steuern konfrontiert zu werden. Von den institutionellen Faktoren beeinflussen Wirtschaftszweig und Förderjahrgang die Wahrscheinlichkeit, besondere Probleme im Bereich von Fiskus/Steuern zu haben. Ihre jeweilige Reihenfolge gibt die Tabelle 31 an.[133] Das Gastgewerbe ist am stärksten betroffen, gefolgt von Baugewerbe und Handel. Das Schlusslicht bildet der Gesundheitssektor.

Der positive Zusammenhang sowohl zwischen Höhe des Schulabschlusses und der Wahrscheinlichkeit für besondere Probleme als auch zwischen Branchenkenntnissen und Steuerproblemen ist kontra-intuitiv. Insbesondere wäre erwartet worden, dass mit steigendem Schulabschluss die Probleme im Bereich Fiskus/Steuern abnehmen. So kommt z.B. auch die Studie der WSF/Econ-Consult zu dem Ergebnis, dass Probleme mit dem Finanzamt „auch aus Informationsdefiziten und Qualifikationsmängeln der Gründer resultieren".[134] Diese Behaup-

---

[132] Bei 30 Nennungen einer besonderen Behinderung ist diese Voraussetzung bei dem Bereich Sonstiges zwar knapp erfüllt, bei 21 exogenen Variablen sind aber die verbleibenden Freiheitsgrade so gering, dass die Ergebnisse mit Vorsicht zu behandeln sind.

[133] Mit einer 1. ist wieder der Wirtschaftszweig bzw. Förderjahrgang gekennzeichnet, der am stärksten durch die Regelung behindert wird.

[134] WSF/Econ-Consult (1999, S. 60)

tung ist jedoch nach den vorliegenden Ergebnissen nicht aufrecht zu erhalten.[135]

Tabelle 30: Mögliche Einflussfaktoren auf die Wahrscheinlichkeit, von besonderen Hindernissen im Bereich Fiskus / Steuern betroffen zu sein

Regelung Einflussfaktoren	Besondere Behinderung durch Fiskus / Steuern
OSTDEUTSCHLAND	
SPD-REGIERT	
WIRTSCHAFTSZWEIG	*
JUNGER MARKT	
FÖRDERJAHR	*
NEUGRÜNDUNG	
GRÖßE	
WETTBEWERBSINTENSITÄT	+
KAUFMÄNNISCHE KENNTNISSE	
BRANCHENKENNTNISSE	+
UNTERNEHMERISCHE KENNTNNISSE	
ÜBERBRÜCKUNGSGELD	
SCHULABSCHLUSS	+
FRAU	
LEBENSALTER	

Erläuterungen: +/-: Variable erhöht/vermindert die Wahrscheinlichkeit einer Behinderung durch die entsprechende Regelung in signifikantem Ausmaß (z-Test bzw. LR-Test, 10 %). * : Variablengruppe ist signifikanter Einflussfaktor (Likelihood-Ratio-Test, 10 %).

Wie aber kann der positive Zusammenhang zwischen Schulabschluss bzw. Branchenkenntnissen und Problemen mit Fiskus/Steuern erklärt werden? Eine erste Interpretationsmöglichkeit ergibt sich aus der Tatsache, dass im Bereich der Gewerbeaufsicht Branchenkenntnisse dazu beitragen konnten, die Wahrscheinlichkeit für Behinderungen zu vermindern. Vielleicht empfinden diese Personen den Bereich Fiskus/Steuern bei objektiv gleicher Belastung als besonderes Problem, weil sie in anderen Bereichen weniger belastet sind. Zur Überprüfung dieser Hypothese wurden die Belastungswerte für die Regelungen der Gewerbeaufsicht als erklärende Variablen in die Probit-Schätzung für die Wahrscheinlichkeit der besonderen Probleme bei Fiskus/Steuern mit aufgenommen. Es stellte sich jedoch heraus, dass diese Werte keinen signifikanten Einfluss auf die Wahrscheinlichkeit von Steuerproblemen haben.[136] Entsprechend war keine

[135] Nach Auffassung der Autoren von WSF/Econ-Consult (1999) bestätigt sich ihre Hypothese durch die Tatsache, dass die Häufigkeiten bürokratischer und betriebswirtschaftlicher Schwierigkeiten korreliert seien. An dieser Stelle soll nicht diskutiert werden, ob Schwierigkeiten mit dem Finanzamt tatsächlich als ein Indikator für Qualifikationsmängel eines Gründers angesehen werden können. Aus methodischer Sicht muss jedoch das Fehlen jeglicher statistischer Tests zur Überprüfung der aufgestellten Hypothesen stark kritisiert werden.

[136] Der Likelihood-Ratio-Test weist einen Wert von LR=5,72 bei sieben Freiheitsgraden aus.

signifikante Veränderung der Koeffizienten von Branchenkenntnis und Schulabschluss festzustellen. Diese Interpretationsmöglichkeit wird also durch die vorhandenen Daten nicht gestützt.

Tabelle 31: Einfluss der einzelnen Wirtschaftszweige und der Förderjahrgänge auf den Grad der Behinderung der betroffenen Regelungen

Regelung Wirtschaftszweig	Besondere Behinderung durch Fiskus / Steuern
Verarbeitendes Gewerbe	4.
Baugewerbe	2.
Handel	3.
Gastgewerbe	1.
Verkehr und Nachrichten	6.
Gesundheitsgewerbe	7.
Dienstleistungsgewerbe	5.

Regelung Förderjahr	Besondere Behinderung durch Fiskus / Steuern
1992	1.
1994	2.
1996	3.

Man könnte allerdings vermuten, dass Gründer mit einem hohen Bildungsniveau bestehende Regelungen eher in Frage stellen als andere Personen und vielleicht aus diesem Grunde häufiger in Schwierigkeiten geraten. Ein Hinweis auf diese Möglichkeit könnte sich ergeben, falls sich herausstellt, dass die Gründer mit hohem Schulabschluss eher die Probleme nennen, die in Zusammenhang mit der Komplexität des Steuerrechts stehen. Liquiditätsprobleme dürften in dieser Gruppe bei Gültigkeit dieser Hypothese eher seltener, zumindest aber nicht häufiger auftauchen als beim Rest.[137] Die Differenzierung der genannten Rubriken scheint diese Überlegungen zu bestätigen. Betrachtet man alle Gründer, so liegt im Bereich der Einkommen- bzw. Umsatzsteuer der Anteil der Liquiditätsprobleme an den gesamten Problemen bei ungefähr 50 Prozent. In der Gruppe der Personen, die einen Haupt- oder Realschulabschluss haben, beziehen sich dagegen mehr als 60 Prozent der Nennungen auf entstehende Liquiditätsprobleme. Bei den Personen mit Fachhochschulabschluss sind es 40 Prozent und bei den Befragten mit Universitätsabschluss stehen nur noch 29 Prozent der genannten Probleme in Zusammenhang mit Liquiditätsschwierigkeiten. Bei den Nennun-

[137] Liquiditätsprobleme werden explizit genannt und eignen sich aus diesem Grund besser für eine Überprüfung.

gen im Bereich Sonstiges kommt ein weiterer interessanter Aspekt zum Vorschein: Dort gab es 11 Personen, die den hohen Aufwand im Rahmen von Fiskus/Steuern beklagten und bemängelten, dass man auf Experten angewiesen sei, um den Vorschriften entsprechend begegnen zu können. Von diesen 11 Personen hatten 5 einen Universitätsabschluss, nur 3 Personen hatten einen geringeren Abschluss als das Abitur. 62 Prozent aller Klagen der Akademiker in diesem Bereich bezog sich damit auf diesen Aspekt. Bei Betrachtung aller Gründer ergibt sich ein Prozentsatz von 37 Prozent. Da man nicht davon ausgehen kann, dass Gründer mit geringerem Schulabschluss in geringerem Maße auf Experten angewiesen sind, muss man dieses Ergebnis so interpretieren, dass es ihnen wohl nur selbstverständlicher erscheint, dass zur Bewältigung der Steueraspekte Fachleute hinzugezogen werden müssen. Sie nennen diese Tatsache nicht als besonderes Problem. Die subjektive Einschätzung der Gründer führt bei dieser Fragestellung zu dem positiven Zusammenhang zwischen Schulabschluss und Steuerproblemen.

Als letzter signifikanter Einflussfaktor wurde die Wettbewerbsintensität ermittelt. Unternehmen, die angaben, in starker Konkurrenz zu ihren Mitbewerbern zu stehen, haben eine größere Wahrscheinlichkeit von besonderen Steuerproblemen als andere Unternehmen. Hier kommt der hohe Anteil der Liquiditätsprobleme an den gesamten Steuerproblemen ins Spiel. Bei 50 Prozent aller Schwierigkeiten mit der Einkommen- bzw. Umsatzsteuer handelt es sich um finanzielle Schwierigkeiten, die durch den Abfluss von Liquidität wegen Steuerzahlungen, verspäteter Rückzahlungen oder Veränderung der Fristen zustande kommen. Zieht man die ökonomische Theorie zu Rate, so müsste die Wettbewerbsintensität auf dem relevanten Markt eines Unternehmens stark negativ mit seiner Gewinnsituation korreliert sein. Eine hohe Wettbewerbsintensität würde also mit einer angespannten Gewinn- und damit auch Liquiditätssituation einhergehen und somit anfallende Steuerzahlungen besonders kritisch werden lassen.

3.2.2.4. Bewertung durch die Gründer

In dieser Sektion wurde keine weitere Befragung der Gründer in Form von Intensiv-Interviews durchgeführt, um die interviewten Personen nicht unnötig zu belasten. Die geschilderten Probleme sind nachvollziehbar und erfordern keine weitere Auseinandersetzung. Liquiditätsprobleme mit unterschiedlichen Ursachen führen die Behinderungen im Bereich der Steuern an. Wie bereits im Abschnitt 2.6 vorgeschlagen, sollte nach Möglichkeiten gesucht werden, die den Gründern gewisse Karenzzeiten bei der Zahlung der Steuerlasten einräumen. Finanzbehörden scheinen nur wenig Spielraum zur Berücksichtigung der besonderen Situation zu haben, von der Gründer betroffen sind. Die Steuerbehörden sollten stärker für den Umgang mit Neugründungen sensibilisiert werden.

3.2.2.5. Gesamtwirtschaftliche Bewertung

Die ökonometrischen Untersuchungen zeigten einen hohen Anteil der Liquiditätsprobleme an den gesamten Steuerproblemen. Über die Hälfte der Probleme resultierten aus Schwierigkeiten des Abflusses von Liquidität aufgrund von Steuerzahlungen, verspäteter Rückzahlungen oder Veränderung der Fristen. Aus den persönlichen Gesprächen zeigte sich Unmut über die Tatsache, dass neu gegründete Unternehmen von den Finanzbehörden ohne die Einräumung einer Übergangsphase nahezu sofort steuerlich bewertet und belangt wurden. Außerdem erfolgte der Vorwurf, dass tendenziell eine zu hohe Veranlagung vorgenommen wurde, die man nicht abwehren konnte, da Erfahrungswerte fehlten.

3.2.3. Regelungen in Zusammenhang mit der Einstellung von Beschäftigten

3.2.3.1. Relevanz und Grad der Behinderung

Von den 316 Befragten gaben 280 Personen an, dass sie mit der Einstellung von Beschäftigten befasst waren.[138] Diese 280 Personen wurden zunächst danach gefragt, ob besondere Hindernisse im Zusammenhang mit folgenden Regelungen auftraten:

1. Lohnsteuer (A.3.2.)
2. Sozialversicherungsabgaben (A.3.3.)

Im Bereich der Lohnsteuer gaben 10 Befragte (3,6 Prozent derjenigen, die mit der Einstellung von Beschäftigten befasst waren) an, auf besondere Hindernisse gestoßen zu sein. 33 Personen (11,8 Prozent) erwähnten besondere Hindernisse im Zusammenhang mit den Sozialversicherungsabgaben. Die Gründer, die diese Fragen bejahten, wurden gebeten, konkret anzugeben, um welche Probleme es sich handelte.

Weiterhin wurde nach der Relevanz bzw. dem Grad der Behinderung folgender Regelungen gefragt:

3. Arbeitszeitgesetz (A.3.4.)
4. Unfallverhütungsvorschriften (A.3.5.)
5. Sonstiges Einstellung von Beschäftigten (A.3.6.)

Die Tabelle 32 fasst die Angaben der befragten Unternehmensgründer zusammen. Nur jeder vierte Befragte gibt an, dass das Arbeitszeitgesetz für sein Unternehmen relevant gewesen wäre. Das ist ein zu geringer Anteil, als dass mit

---

[138] Das sind 88,6 Prozent aller Befragten.

der Antwort tatsächlich die objektive Relevanz dieses Gesetzes quantifiziert worden wäre. Es ist anzunehmen, dass hier überwiegend die Personen antworteten, die durch dieses Gesetz behindert wurden.[139] Von einer Untersuchung der Einflussfaktoren auf die Relevanz der Regelungen sollte aufgrund dieser Schwierigkeiten Abstand genommen werden.

Zwei Drittel der Befragten bezeichnen Unfallverhütungsvorschriften als relevanten Bereich. Auffällig ist auch der hohe Anteil Befragter, die sich in der Rubrik Sonstiges äußerten. Anders als im Bereich der Gewerbeaufsicht gibt es bei der Einstellung von Beschäftigten Problemfelder, die von den vorher abgefragten Regelungen nicht abgedeckt werden.

Tabelle 32: Relevanz bzw. Grad der Behinderung (Einstellung von Beschäftigten)

Relevanz bzw. Grad der Behinderung	Arbeitszeitgesetz		Unfallverhütungs-vorschriften		Sonstiges	
	Anzahl	**Prozent**	**Anzahl**	**Prozent**	**Anzahl**	**Prozent**
Keine Relevanz	204	72,9	89	31,8	178	63,6
Relevanz	76	27,1	191	68,2	102	36,4
davon behindernd:						
Gar nicht	23	8,2	67	23,9	36	12,9
Sehr wenig	13	4,6	41	14,6	7	2,5
Wenig	10	3,6	33	11,8	8	2,9
Mittel	13	4,6	32	11,4	16	5,7
Stark	10	3,6	8	2,9	15	5,3
Sehr stark	6	2,1	8	2,9	15	5,3
Keine Angabe	1	0,4	2	0,7	5	1,8

Das Ausmaß der Behinderung durch die genannten Regelungen nach den bereits in Abschnitt 3.2.1 verwendeten Behinderungsklassen verteilt sich wie in Tabelle 33 festgehalten. Das Arbeitszeitgesetz ist von den 3 untersuchten Regelungen die am wenigsten behindernde Vorschrift. Auch im Vergleich zu den Vorschriften der Gewerbeaufsicht liegt der Behinderungsgrad dieser Regelung eher niedrig (vgl. Tabelle 10, S. 69).

[139] Dies gilt insbesondere, da die vorhergehenden Fragen des Blockes A.2 und A.3 jeweils nur nach besonderen Hindernissen fragten und nicht allgemein nach der Relevanz der Regelung für das Unternehmen.

Tabelle 33: Ausmaß der Behinderung im Bereich der Einstellung von Beschäftigten

Regelung	Prozent der Befragten mit einem Behinderungsgrad von				
	5	≥ 4	≥ 3	≥ 2	≥ 1
Arbeitszeitgesetz	2,1	5,7	10,4	13,9	18,6
Unfallverhütungsvorschriften	2,9	5,7	17,1	28,9	43,6
Sonstiges	5,4	10,7	16,4	19,3	21,8

In den stärksten Behinderungsklassen liegt der Bereich Sonstiges noch deutlich vor den Unfallverhütungsvorschriften. Erst durch die hohe Anzahl von Befragten, für die Unfallverhütungsvorschriften relevant waren, die den Grad ihrer Behinderung aber eher gering einschätzten, kehrt sich dieses Bild in den folgenden Behinderungsklassen um. Die Abbildung 6 gibt den Zusammenhang graphisch wieder. Tabelle 34 zeigt wiederum, welche konkreten Probleme sich hinter den einzelnen Regelungen verbergen.[140]

Abbildung 6: Ausmaß der Behinderungen im Bereich der Einstellung von Beschäftigten

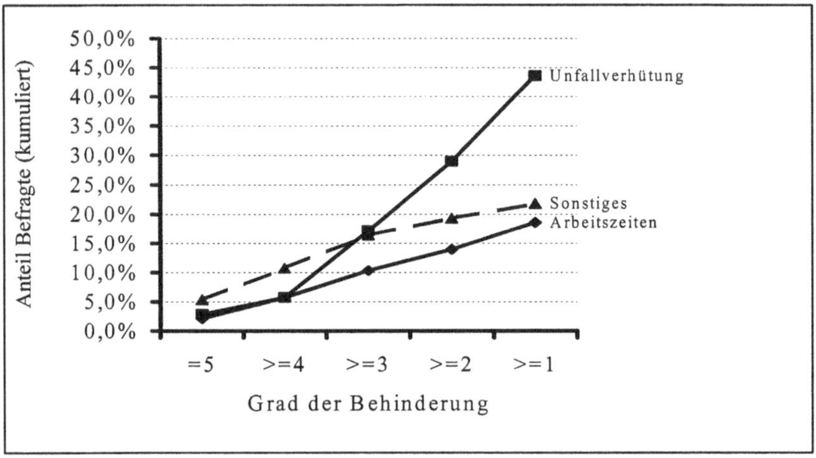

[140] Für Lohnsteuer und Sozialversicherungsabgaben liegen keine Werte zur Beurteilung des Grades der Behinderung vor.

Tabelle 34: Ausmaß der Behinderung im Bereich der Einstellung von Beschäftigten nach Rubriken (Lohnsteuer, Sozialversicherungsabgaben)

Rubrik	Anzahl	Prozent
Lohnsteuer		
Keine Klassifikation möglich		
Gesamt	10	100,0
Sozialversicherungsabgaben		
Umständliche bzw. undurchsichtige Regelungen	5	15,2
Hoher Arbeitsaufwand bei 630 DEM-Jobs	7	21,2
Hoher Arbeitsaufwand sonst	3	9,1
Zu kurze Fristen	2	6,0
Mehraufwand durch Liberalisierung der Kassenwahl	5	15,2
Sonstiges	11	33,3
Gesamt	33	100,0

Für die Bereiche Arbeitszeitgesetz, Unfallverhütungsvorschriften und den Bereich Sonstiges lassen sich die in Tabelle 35 festgehaltenen Behinderungsklassen bilden. Die Arbeitszeiten der Auszubildenden bilden mit fast 30 Prozent die häufigste Rubrik im Bereich des Arbeitszeitgesetzes. Die Belastung durch diese Rubrik im Vergleich zur Belastung im gesamten Bereich des Arbeitszeitgesetzes ist jedoch leicht unterdurchschnittlich. Die Begrenzung der Einsatzmöglichkeiten von Beschäftigten durch Höchstarbeitszeiten, Vorschriften bezüglich Schichtdienst sowie Sonn- und Feiertagsarbeit bilden ein weiteres großes Problemfeld. Bei den Unfallverhütungsvorschriften hat die Rubrik „Allgemeine Relevanz“ mit über 30 Prozent den höchsten Anteil. Erwartungsgemäß sind ihre Behinderungswerte jedoch relativ gering.[141] Ausnahmen bilden hierbei die Schaffung von Schutzvorrichtungen bzw. die Wartung von Maschinen und die Vorschriften zur ärztlichen Betreuung der Beschäftigten. Diese Punkte werden zwar nur von relativ wenigen Befragten genannt, sie weisen allerdings hohe Belastungswerte auf.

36 Prozent der Befragten hatten angegeben, dass noch weitere Regelungen für sie relevant waren. Diese sind in der Rubrik „Sonstiges“ festgehalten. 40 Prozent dieser Personen wiesen auf den Problembereich der Einstellung von Langzeitarbeitslosen und damit verbunden auf Zuschüsse durch das Arbeitsamt hin. Das bedeutet, dass fast 15 Prozent aller Gründer, die mit der Einstellung von Beschäftigten befasst waren, mit dieser Regelung zu tun hatten. In den oberen

---

[141] Dieses Bild zeigte sich bereits bei der aggregierten Betrachtung. Vgl. hierzu auch Abbildung 6.

Behinderungsklassen weist sie zudem Werte auf, die weit über der Gesamtbelastung durch den Bereich Sonstiges und auch über den meisten anderen der hier untersuchten Rubriken liegt.

Tabelle 35: Ausmaß der Behinderung im Bereich der Einstellung von Beschäftigten nach Rubriken (Arbeitszeit, Unfallverhütung, Sonstiges)

Rubrik	Anzahl	Prozent	Prozent der Betroffenen mit einem Behinderungsgrad von				
			5	>=4	>=3	>=2	>=1
Arbeitszeitgesetz							
Allgemeine Relevanz	9	11,8	0	11,1	33,3	33,3	55,6
Arbeitszeiten Auszubildende	22	28,9	4,6	9,1	27,3	40,9	68,2
Tarifvertragliche Regelungen	14	18,4	14,3	28,6	35,7	42,9	64,3
Schichtdienst, Sonntags- und Spätarbeit	7	9,2	0	28,6	71,4	85,7	85,7
Höchstarbeitszeiten für Arbeitnehmer	10	13,2	0	10,0	20,0	50,0	50,0
Pausenregelungen	4	5,3	25,0	25,0	25,0	50,0	100,0
Sonstiges	10	13,2	20,0	50,0	70,0	80,0	80,0
Gesamt	76	100,0	7,9	21,1	38,2	51,3	68,4
Unfallverhütungsvorschriften							
Branchenübliche Vorschriften	33	17,3	6,1	9,1	18,2	30,3	60,6
Allgemeine Relevanz	58	30,4	0	1,7	13,8	27,6	51,7
Auflagen Berufsgenossenschaft	22	11,5	4,6	13,6	31,8	50,0	72,7
Schutzvorrichtungen, Wartung Maschinen	20	10,4	15,0	15,0	35,0	65,0	75,0
Belehrungen, Schulungen	17	8,9	0	5,9	29,4	41,2	52,9
Schutzkleidung, Gestaltung der Arbeitspl.	16	8,4	0	6,3	31,3	50,0	68,8
Ärztliche Prüfung bzw. Betreuung	9	4,7	22,2	44,4	44,4	44,4	77,8
Sonstiges	16	8,4	0	0	37,5	75,0	87,5
Gesamt	191	100,0	4,2	8,4	25,1	42,4	63,9
Sonstiges Einstellung von Beschäftigten							
Einstellung Langzeitarbeitsloser, Zuschüsse Arbeitsamt	41	40,2	22,0	36,6	46,3	53,7	56,1
630 DEM-Jobs	12	11,8	25,0	33,3	58,3	75,0	75,0
Beschäftigung Behinderter	8	7,8	12,5	50,0	62,5	62,5	75,0
Einstellung von Fachkräften erforderlich	8	7,8	0	12,5	25,0	37,5	50,0
Kündigungsfristen	5	4,9	20,0	60,0	100,0	100,0	100,0
Auszubildende	8	7,8	0	0	37,5	37,5	37,5
Zeugnisse erforderlich	6	5,9	0	16,7	16,7	16,7	50,0
Mutterschutz	3	3,0	0	0	0	0	0
Sonstiges	11	10,8	9,1	18,2	36,4	54,6	72,7
Gesamt	102	100,0	14,6	29,1	44,7	52,4	59,2

Bei der kritisierten Regelung handelt es sich um die sogenannten Beschäftigungshilfen für Langzeitarbeitslose. Für bis zu 12 Monate kann ein Unternehmer einen Zuschuss von bis zu 60 Prozent des Arbeitsentgelts für einen neu einzustellenden Mitarbeiter beantragen. Der Arbeitnehmer muss vor der Einstellung mindestens 1 Jahr Leistungen nach dem Arbeitsförderungsgesetz bezogen haben. Nach Auswertung der Stellungnahmen der Befragten in der Hauptuntersuchung und den Schilderungen im Rahmen der Intensiv-Interviews ergeben sich für die Gründer im wesentlichen 2 kritische Punkte in Zusammenhang mit diesem Zuschuss: Zum einen herrscht oftmals Unklarheit über die Voraussetzungen und Bedingungen, unter denen die Förderung gewährt wird. So war es z.B. einigen Gründern unklar, dass eine Nachbeschäftigung der Arbeitnehmer über das Ende der Förderung hinaus erfolgen muss, die mindestens so lange dauern muss wie die Förderung selbst. Dieser Aspekt hat aber gerade in der Gründungsphase erhebliche Bedeutung. Wird ein Arbeitnehmer während dieser Nachbeschäftigungszeit entlassen, weil der Gründer die volle Lohnbelastung nicht tragen kann, muss er die erhaltenen Zuschüsse zurückzahlen. Es erscheint unverzichtbar, dass der antragstellende Gründer auf diesen Aspekt in deutlicher Form hingewiesen wird.[142]

Zum anderen handelt es sich bei dieser Förderung um eine budgetierte Kann-Leistung des Arbeitsamtes. Auch bei Erfüllung aller Voraussetzungen kann es passieren, dass das Jahresbudget bereits ausgeschöpft ist. Die danach eingehenden Anträge werden abgelehnt. Dies wird den Gründern im Vorfeld ihrer Antragstellung offenbar nicht deutlich genug vermittelt. Mehrere Gründer berichten, dass bei einer Voranfrage eine Förderung in Aussicht gestellt wurde, diese aber dann nicht erfolgte.[143]

Das Hauptproblem bei dieser Regelung scheint das Informationsdefizit der Befragten zu sein. Hier müssten klarere Vorgaben durch das Arbeitsamt erfolgen. Die Budgetierung der Fördergelder hat zwar durchaus positive Aspekte, führt aber zu einer mangelnden Planungssicherheit für die Gründer. Es darf nicht sein, dass der Staat arbeitsmarktpolitische Probleme auf diese Art und Weise zu lösen versucht.

---

[142] Diesen speziellen Informationsmangel können wir aus unserer eigenen Erfahrung bei der Beschäftigung mit der untersuchten Regelung bestätigen. Die Informationsbroschüre des Arbeitsamtes (Was? Wie viel? Wer? Finanzielle Hilfen des Arbeitsamtes auf einen Blick) weist auf diese Tatsache nicht hin. Erst bei einem Gespräch mit der zuständigen Sachbearbeiterin eines Arbeitsamtes wurde diese Vorschrift erwähnt. Interessanterweise bekommen die Arbeitsämter hinsichtlich der Bedeutung ihrer Beratung für die Gründung von Unternehmen im Vergleich mit anderen Beratungseinrichtungen die schlechtesten Noten (siehe dazu Gries et al. 1997, 72).

[143] Das Arbeitsamt machte deutlich, dass der Zuschuss vor Abschluss des Arbeitsvertrages beantragt werden muss. Der Gründer kann also auf die Einstellung verzichten, wenn er erfährt, dass seine Neueinstellung nicht gefördert wird. Die bis dahin entstandenen Kosten und der Zeitaufwand sind jedoch nicht zu unterschätzen.

Als relevante Rubrik im Bereich Sonstiges bezeichneten 12 Befragte Beschäftigungsverhältnisse, die von der Neuregelung des 630 DEM-Gesetzes betroffen waren.[144] Diese Zahl ist recht gering. Existenzgründer scheinen – im Gegensatz zur oft verbreiteten Meinung, dass es in der Folge der Neuregelung zu massiven Problemen gerade bei noch nicht gefestigten Unternehmen kommen würde – von dieser Regelung nur in Ausnahmefällen betroffen zu sein.[145] In den Intensiv-Interviews zu diesem Thema beklagen die Gründer, dass die Arbeitnehmer nach der Neuregelung des Gesetzes aufgrund gestiegener Steuerbelastungen nicht mehr bereit seien, für das von ihnen gezahlte Bruttoentgelt zu arbeiten. Die Betroffenen bewerten dies als stark behindernd.

3.2.3.2. Kosten der Regelungen

Es wurde für Arbeitszeitgesetz, Unfallverhütungsvorschriften und den Bereich Sonstiges nach den entstandenen Kosten gefragt. Die Tabelle 36 enthält die Ergebnisse:

Tabelle 36: Kosten im Bereich der Einstellung von Beschäftigten

	Arbeitszeitgesetz	Unfallverhütungs-vorschriften	Sonstiges
Anzahl Befragte			
- Gesamt	280	280	280
- Relevant	76	191	102
- Angaben zu Kosten	23	100	32
- Kosten ungleich Null	9	83	18
Erwartungswert			
- Gesamt (DEM)	784	2.784	2.589
- Relevant (DEM)	6.849	5.237	16.991
Median Kosten*)			
- ungleich Null (DEM)	5.000	3.000	18.000

*) Siehe auch die Ausführungen zum Median bei Tabelle 15, S. 77.

Die Zahlen entsprechen im wesentlichen der Bewertung der einzelnen Regelungen aufgrund ihres Behinderungsgrades. Jeder Gründer, der mit der Einstellung von Beschäftigten befasst ist, muss im Mittel mit Kosten in Höhe von mehr als DEM 6000,- rechnen, die im Rahmen seiner Existenzgründung für diesen Bereich anfallen.

[144] Das sind etwas mehr als 4 Prozent aller Personen, die Arbeitnehmer eingestellt haben.

[145] Insbesondere erstaunt diese geringe Zahl von Nennungen, da die Befragung im Herbst 1999 erfolgte und die Neuregelung der geringfügigen Beschäftigungsverhältnisse zu diesem Zeitpunkt recht emotional in den Medien diskutiert wurde.

3.2.3.3. Ökonometrische Untersuchung zu den Regelungen aus dem Bereich der Einstellung von Beschäftigten

Zuerst wurde untersucht, welche Variablen Einfluss auf die Wahrscheinlichkeit haben, in besonderem Maße von Hindernissen aus dem Bereich der Sozialversicherungsabgaben betroffen zu sein. Tabelle 37 fasst die Ergebnisse der Probit-Schätzung zusammen.

Tabelle 37: Mögliche Einflussfaktoren auf die Wahrscheinlichkeit, von besonderen Hindernissen im Bereich der Sozialversicherungsabgaben betroffen zu sein

Regelung **Einflussfaktoren**	Sozialversicherungsabgaben
OSTDEUTSCHLAND	-
SPD-REGIERT	
WIRTSCHAFTSZWEIG	
JUNGER MARKT	
FÖRDERJAHR	
NEUGRÜNDUNG	
GRÖßE	
WETTBEWERBSINTENSITÄT	+
KAUFMÄNNISCHE KENNTNISSE	
BRANCHENKENNTNISSE	
UNTERNEHMERISCHE KENNTNNISSE	
ÜBERBRÜCKUNGSGELD	
SCHULABSCHLUSS	+
FRAU	+
LEBENSALTER	

Erläuterungen: +/-: Variable erhöht/vermindert die Wahrscheinlichkeit einer Behinderung durch die entsprechende Regelung in signifikantem Ausmaß (z-Test bzw. LR-Test, 10 %).

Die Zugehörigkeit zum Osten Deutschlands vermindert die Wahrscheinlichkeit besonderer Probleme bei den Sozialversicherungsabgaben. Um diesen Aspekt näher zu beleuchten, müsste festgestellt werden, ob objektive Unterschiede bei der Abwicklung der abzuführenden Sozialversicherungsabgaben zwischen Ost- und Westdeutschland existieren. Ohne weitere Informationen ist dies allerdings schwer zu leisten. Es gibt eine hohe Anzahl Problemnennungen bei dieser Regelung, die sich nicht systematisieren lassen. Allerdings beklagen 15 von 33 Personen, die sich zu dieser Regelung äußerten, einen hohen Arbeitsaufwand, insbesondere verursacht durch die 630 DEM-Jobs und die Liberalisierung der Krankenhauswahl. Entweder existieren in den neuen Bundesländern andere Verwaltungsabläufe, welche die Abwicklung der Sozialversicherungsabgaben vereinfachen. Dann sollten sich die westdeutschen Institutionen hierüber informieren und ihre Abläufe entsprechend umgestalten. Es ist aber auch möglich, dass die Probleme hinsichtlich der Sozialversicherungsabgaben sehr ähnlich sind, ihre Einschätzung als „besonderes Problem" aber subjektiv anders wahrgenommen wird. Die vorliegende Untersuchung kann hier nicht differenzieren und muss sich deshalb auf das Aufzeigen von möglichen Interpretationen beschränken.

Mit steigendem Konkurrenzdruck wachsen laut Tabelle 38 die Probleme mit den Sozialversicherungsabgaben. Dies wird in unmittelbarem Zusammenhang mit dem Zeitaufwand und mit der steigenden Notwendigkeit eines effizienten Zeitmanagements bei hoher Wettbewerbsintensität stehen. Je höher der Schulabschluss, um so höher ist auch die Wahrscheinlichkeit für besondere Schwierigkeiten. Mögliche Erklärungen für diesen Befund wurden bereits im Zusammenhang mit den Problemen bei Fiskus/Steuern erörtert (vgl. Abschnitt 3.2.2.3). Sie lassen sich analog auf die Sozialversicherungsabgaben übertragen. Und schließlich steigt für Frauen im Vergleich zu männlichen Existenzgründern die Wahrscheinlichkeit, besondere Probleme mit den Sozialversicherungsabgaben zu bekommen. Diese Beobachtung ist ohne weitere Untersuchungen nicht erklärbar.

Tabelle 38: Mögliche Einflussfaktoren auf den Grad der Behinderung von Regelungen aus dem Bereich der Einstellung von Beschäftigten

Regelung Einflussfaktoren	Arbeitszeitgesetz	Unfallverhütungs-vorschriften	Sonstiges
OSTDEUTSCHLAND		+	
SPD-REGIERT			
WIRTSCHAFTSZWEIG		*	
JUNGER MARKT			+
FÖRDERJAHR	*	*	
NEUGRÜNDUNG			
GRÖßE		+	+
WETTBEWERBSINTENSITÄT		+	
KAUFMÄNNISCHE KENNTNISSE			
BRANCHENKENNTNISSE			
UNTERNEHMERISCHE KENNTNNISSE	+		
ÜBERBRÜCKUNGSGELD			
SCHULABSCHLUSS			+
FRAU			
LEBENSALTER	-	-	-

Erläuterungen: +/-: Variable erhöht/vermindert den Grad der Behinderung durch die entsprechende Regelung in signifikantem Ausmaß (z-Test bzw. LR-Test, 10 %). * : Variablengruppe ist signifikanter Einflussfaktor (Likelihood-Ratio-Test, 10 %).

Arbeitszeitgesetz, Unfallverhütungsvorschriften und der Bereich Sonstiges wurden dahingehend untersucht, ob es Variablen gibt, die signifikanten Einfluss auf den Grad der Behinderung durch diese Regelungen haben. Tabelle 38 und Tabelle 39 listen den Befund auf.

Beim Arbeitszeitgesetz und bei den Unfallverhütungsvorschriften spielt der Förderjahrgang eine Rolle. Der Behinderungsgrad ist umso höher, je länger die Unternehmensgründung zurückliegt. Wie bereits diskutiert, kann aus diesem Ergebnis nicht eindeutig abgeleitet werden, dass es im Zeitverlauf zu einer Zunahme der Behinderungen in diesen Bereichen gekommen ist (siehe Abschnitt 3.2.1.3). Der Grad der Behinderung durch die Unfallverhütungsvorschriften wird außerdem durch die regionale Zugehörigkeit zum Osten, die geplante Unternehmensgröße sowie die Wettbewerbsintensität positiv beeinflusst. Auch der Wirtschaftszweig spielt eine Rolle. Der Gesundheitssektor wird am stärksten durch die Unfallverhütungsvorschriften behindert, der übrige Dienstleistungssektor deutlich geringer. Die Reihung der einzelnen Wirtschaftszweige ist der Tabelle 39 zu entnehmen.

Tabelle 39: Einfluss der einzelnen Wirtschaftszweige und der Förderjahrgänge auf den Grad der Behinderung der betroffenen Regelungen

Regelung / Wirtschaftszweig	Unfallverhütungsvorschriften
Verarbeitendes Gewerbe	3.
Baugewerbe	2.
Handel	5.
Gastgewerbe	7.
Verkehr und Nachrichten	3.
Gesundheitsgewerbe	1.
Dienstleistungsgewerbe	6.

Regelung / Förderjahr	Arbeitszeitgesetz	Unfallverhütungsvorschriften
1992	1.	1.
1994	2.	2.
1996	3.	3.

Im Bereich Sonstiges, der von den Regelungen zur Erlangung von Zuschüssen des Arbeitsamtes dominiert wird, spielt es eine Rolle, ob die Unternehmensgründung auf einem traditionellen oder einem neuen Markt stattfindet. Die Gründer in den neuen Märkten sind stärker behindert.[146] Darüber hinaus steigt der Grad der Behinderung mit der geplanten Unternehmensgröße.

Bei den persönlichen Faktoren zeigt sich bei allen 3 Regelungen ein negativer Zusammenhang zwischen dem Alter der Gründer und dem Behinderungsgrad. Je älter die Befragten sind, umso weniger Schwierigkeiten haben sie mit Regelun-

[146] Möglicherweise könnte dies an den größeren Schwierigkeiten liegen, die diese Gründer damit haben werden, eine Stellungnahme über die Tragfähigkeit ihrer Unternehmensgründung vorzuweisen.

gen, die in Zusammenhang mit der Einstellung von Beschäftigten stehen. Unternehmerische Kenntnisse führen zu einer höheren Belastung durch das Arbeitszeitgesetz, und im Bereich Sonstiges stellt man fest, dass die Behinderung mit steigendem Schulabschluss zunimmt. Wie man diese, auf den ersten Blick kontra-intuitiven Ergebnisse interpretieren könnte, wurde bereits in Zusammenhang mit den Problemen im Bereich von Fiskus/Steuern erörtert (siehe Abschnitt 3.2.2.3).

3.2.3.4. Bewertung durch die Gründer

An den Intensiv-Interviews zum Bereich der Einstellung von Beschäftigten nahmen 17 Existenzgründer teil. Tabelle 40 gibt wieder, auf welche Bereiche sich die Intensiv-Interviews verteilten. Aufgrund der geringen Besetzungszahlen wurde im Folgenden auf eine weitere tabellarische Darstellung verzichtet. Jede vierte Befragte bezeichnete Regelungen aus diesem Bereich als „leicht umsetzbar und verständlich“, ungefähr jeder fünfte Interviewpartner bewertete die ihn betreffende Regelung hingegen als „nicht verständlich bzw. schwer umsetzbar“. Niemand vermutete Willkür oder Schikane hinter der behindernden Vorschrift. Insgesamt bezeichnen 7 von 17 Befragten die jeweilige Regelung als sinnvoll.

Tabelle 40: Anzahl Intensiv-Interviews im Bereich der Einstellung von Beschäftigten

Regelung	Anzahl Interviews
Arbeitszeitgesetz	4
Unfallverhütungsvorschriften	5
Sonstiges Gewerbeaufsicht	8
Gesamt Einstellung von Beschäftigten	17

Doch gab es deutliche Unterschiede zwischen den einzelnen Vorschriften. Unfallverhütungsvorschriften werden trotz ihres Behinderungsgrades akzeptiert. Nur einer von 5 Befragten bezeichnet diese Regelung als nicht sinnvoll. Dagegen bezeichnen alle 4 Personen, die zum Arbeitszeitgesetz interviewt wurden, dieses als nicht sinnvoll. Im Bereich Sonstiges beurteilt die Mehrheit die Regelungen ebenfalls als nicht sinnvoll. Das zeigt einmal mehr das große Verständnis für Regelungen, deren Existenz vergleichsweise einsichtig sind. Der Unmut über die Arbeitszeitvorschriften ist hingegen nachvollziehbar, da sie aus ökonomischer Sicht heute in der bestehenden Form kaum noch haltbar sind.

Nur ein befragter Gründer hatte kein Problem mit den Behörden. 5 Personen gaben keine Auskunft und 11 Personen beurteilten die Qualität der Behörden als problematisch. Führend waren auch hier, wie im Fall der Gewerbeaufsicht, die langen Bearbeitungszeiten und die Einschätzung, vorhandene Spielräume würden von den Behörden nicht genutzt. Knapp 65 Prozent der interviewten Personen kritisiert die Arbeit der Behörden.

Dennoch lag der Fall hier anders als im Bereich der Gewerbeaufsicht, wie die Verbesserungsvorschläge der Gründer deutlich machten. So bezogen sich lediglich 2 Verbesserungsvorschläge auf die Arbeit der Behörden. Insbesondere der Aspekt der unklaren Zuständigkeiten – im Bereich der Gewerbeaufsicht ein zentrales Thema – wird hier von keinem der Befragten aufgegriffen. 3 Befragte fordern eine Standardisierung der Regelungen und 4 Personen fordern eine Ausweitung ihrer eigenen Entscheidungsbefugnisse. Beide Verbesserungsvorschläge, die zusammen mehr als 40 Prozent ausmachen,[147] würden dazu führen, dass den Behörden weniger Entscheidungsspielräume überlassen bleiben. Dies scheint für die Gründer der zentrale Kritikpunkt im Bereich der Einstellung von Beschäftigten zu sein.

3.2.3.5. Gesamtwirtschaftliche Bewertung

Die Bewertung aus gesamtwirtschaftlicher Sicht fällt für den Bereich der Einstellung von Beschäftigten ähnlich aus wie für den Bereich der Gewerbeaufsicht. In der allgemeinen Untersuchung wie auch in den Fallschilderungen[148] zeigte sich die unerfreuliche Entwicklung, dass arbeitsmarktpolitische Ziele bewusst oder unbewusst auf dem Rücken der Gründer und Gründerinnen ausgetragen werden sollen. Vorteile und Gefahren der Einstellung von Langzeitarbeitslosen sollten den Gründern zumindest eindringlicher offengelegt werden (siehe dazu die Ausführungen im Abschnitt 3.2.3.1). Der Bereich der Arbeitszeitregelungen erscheint aus ökonomischer Sicht nicht mehr zeitgemäß und sollte daher flexibilisiert werden.[149]

---

[147] Zusätzlich muss berücksichtigt werden, dass 24 Prozent der Befragten gar keine Verbesserungsvorschläge abgaben. Verwendet man die abgegebenen Verbesserungsvorschläge als Basisgröße, so sind es mehr als 50 Prozent, die eine Einschränkung der Ermessensspielräume der Behörden anregen.

[148] Siehe z.B. Lfd.-Nr. 38 und 39 in den Fallschilderungen (Anhang ab Seite 165).

[149] Siehe dazu beispielsweise die Ausführungen in Frey & Kirchgässner (1994, S. 320 ff.).

3.2.4. Regelungen im Zusammenhang mit der Marktaufsicht

3.2.4.1. Relevanz und Grad der Behinderung der einzelnen Regelungen

Aus dem Bereich der Marktaufsicht wurden folgende Regelungen abgefragt:

1. Rabattgesetz (A.4.1.; seit 25.07.2001 in der alten Form aufgehoben)
2. Gesetz gegen unlauteren Wettbewerb (UWG) (A.4.2.)
3. Ladenschlussgesetz (A.4.3.)
4. Preisangabenverordnung (A.4.4.)
5. Sonstiges Marktaufsicht (A.4.5.)

Zu diesen Regelungen wurden wieder alle 316 Teilnehmer interviewt. Die Tabelle 41 fasst ihre Angaben zusammen. Der Anteil der Befragten, für den die einzelnen Regelungen relevant war, bewegt sich zwischen 10 und 25 Prozent. Knapp 5 Prozent der Befragten nennt relevante Bereiche der Marktaufsicht, die nicht durch die vorhergehenden Fragen abgedeckt sind. Diese 15 Nennungen weisen jedoch keine Systematik auf und können daher nicht vertieft werden. Tabelle 42 sowie die Abbildung 7 zeigen das Ausmaß der Behinderung durch die Regelungen der Marktaufsicht.

Im Vergleich zu den Regelungen der Gewerbeaufsicht sind die Vorschriften aus dem Bereich der Marktaufsicht deutlich weniger bedeutend. Lediglich Behinderungen, die sich aus den Vorschriften des Gesetzes gegen unlauteren Wettbewerb für die befragten Gründer ergeben, können hinsichtlich ihres Ausmaßes mit den weniger hinderlichen Regelungen der Gewerbeaufsicht verglichen werden. Auffällig ist auch die geringe Relevanz und Behinderungsquote des Ladenschlussgesetzes für die Existenzgründer. Sicherlich spielt die Lockerung des Ladenschlussrechts im Rahmen der seit Ende 1996 geltenden Reform hierbei eine entscheidende Rolle. Allerdings zeigt sich in der ökonometrischen Untersuchung, dass die Förderjahrgänge 1992 und 1994, die 2 bzw. 4 Jahre mit den restriktiveren Vorschriften umgehen mussten, nicht stärker durch dieses Gesetz behindert waren als die Gründer des Jahrganges 1996.

In Bezug auf das Rabattgesetz nennen 3 Viertel der Personen, die von diesem Gesetz betroffen waren, lediglich die allgemeine Relevanz der dort festgelegten Regelungen. Eine weitere Aufteilung führt nicht zu Rubriken, denen man eine besondere Bedeutung zusprechen könnte.[150]

---

[150] Unter der Rubrik Sonstiges sind unter anderem die Buchpreisbindung, die Zugabeverordnung und das Verbot von Eröffnungsrabatten zusammengefasst.

Tabelle 41: Relevanz bzw. Grad der Behinderung (Marktaufsicht)

Relevanz bzw. Grad der Behinderung	Rabattgesetz		UWG		Ladenschlussgesetz	
	Anzahl	Prozent	Anzahl	Prozent	Anzahl	Prozent
Keine Relevanz	276	87,3	236	74,7	283	89,6
Relevanz	40	12,7	80	25,3	33	10,4
davon behindernd:						
Gar nicht	12	3,8	28	8,9	10	3,2
Sehr wenig	10	3,2	9	2,8	2	0,6
Wenig	4	1,3	17	5,4	2	0,6
Mittel	7	2,2	10	3,2	6	1,9
Stark	5	1,6	7	2,2	6	1,9
Sehr stark	1	0,3	7	2,2	5	1,6
K. A.	1	0,3	2	0,6	2	0,6

Relevanz bzw. Grad der Behinderung	Preisangabenverordnung		Sonstiges	
	Anzahl	Prozent	Anzahl	Prozent
Keine Relevanz	244	77,2	301	95,3
Relevanz	72	22,8	15	4,7
davon behindernd:				
Gar nicht	40	12,8	4	1,3
Sehr wenig	9	2,8	1	0,3
Wenig	8	2,5	1	0,3
Mittel	8	2,5	2	0,6
Stark	4	1,3	5	1,6
Sehr stark	3	0,9	2	0,6
K. A.	0		0	

Beim Gesetz gegen unlauteren Wettbewerb hingegen werden die Aussagen konkreter. 36 Prozent der Betroffenen nennen auch hier die allgemeine Relevanz. 35 Prozent der Betroffenen – und damit fast 9 Prozent aller Befragten – fühlen sich durch Werbebeschränkungen und –verbote in ihrer Tätigkeit behindert. Die einzelnen Behinderungsklassen sind in diesem Punkt deutlich über dem Durchschnitt der gesamten Regelung besetzt. Auf das Problem der Wettbewerbsbeschränkungen war im Rahmen der theoretischen Analyse besonders hingewiesen worden (vgl. Abschnitt 2.3.4 und 2.3.5). Insbesondere im Bereich der freien Berufe stellen sie eine erhebliche Barriere für Newcomer dar.

Tabelle 42: Das Ausmaß der Behinderung im Bereich der Marktaufsicht

Regelung	Prozent der Befragten mit einem Behinderungsgrad von				
	5	**≥ 4**	**≥ 3**	**≥ 2**	**≥ 1**
1. Rabattgesetz	0,3	1,9	4,1	5,4	8,5
2. UWG	2,2	4,4	7,6	13,0	15,8
3. Ladenschlussgesetz	0,9	2,2	4,7	7,3	10,1
4. Preisangabenverordnung	0,6	2,2	2,8	3,1	3,5

Abbildung 7: Das Ausmaß der Behinderungen im Bereich der Marktaufsicht

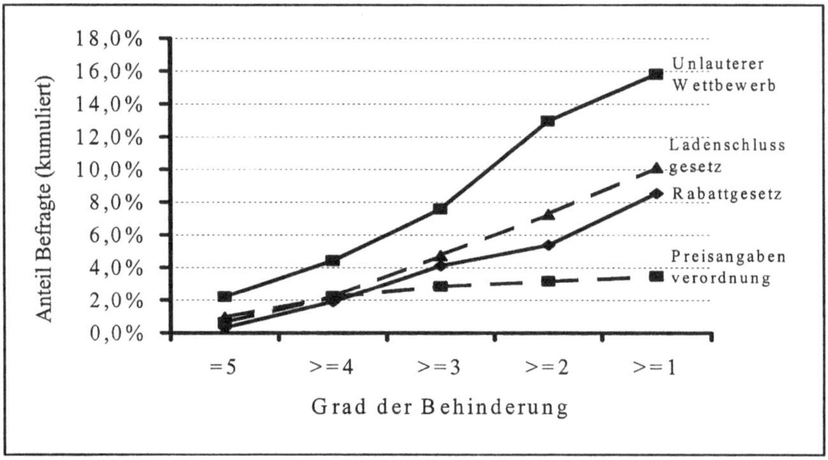

Das Verbot von Absprachen bei Ausschreibungen bemängeln immerhin 7 Betroffene, sie bewerten die Behinderung durch dieses Verbot allerdings als deutlich weniger belastend als die Werbebeschränkungen. Beim Ladenschlussgesetz wird die Einschränkung der Öffnungszeiten an Sonn- und Feiertagen als ein stark belastendes Problem bewertet.[151] Die Preisauszeichnungspflicht ist die zentrale Rubrik im Rahmen der Preisangabenverordnung. Über die Hälfte der

[151] Allerdings geben lediglich 7 Personen an, mit dieser Regelung konfrontiert worden zu sein.

Personen, die diese Rubrik nennen, bezeichnen sie zwar als relevant, bewerten die Behinderung aber mit *0 – Gar nicht*.

Tabelle 43: Das Ausmaß der Behinderung im Bereich der Marktaufsicht nach Rubriken

Rubrik	Anzahl	Prozent	Prozent der Befragten mit einem Behinderungsgrad von				
			5	>=4	>=3	>=2	>=1
Rabattgesetz							
Allgemeine Relevanz	30	75,0	3,3	10,0	30,0	33,3	60,0
Sonstiges	10	25,0	0	30,0	40,0	70,0	90,0
Gesamt Rabattgesetz	40	100,0	2,5	15,0	32,5	42,5	67,5
Unlauterer Wettbewerb							
Allgemeine Relevanz	29	36,3	0	0	10,3	20,7	34,5
Werbebeschränkungen, -verbote	28	35,0	7,1	25,0	42,9	67,9	75,0
Verbot von Absprachen bei Ausschreibungen	7	8,7	0	0	14,3	42,9	57,1
Sonstiges	16	20,0	31,3	43,8	50,0	81,3	93,8
Gesamt UWG	80	100,0	8,8	17,5	30,0	51,3	62,5
Ladenschlussgesetz							
Allgemeine Relevanz	7	21,2	14,3	14,3	14,3	28,6	28,6
Sonntags-, Feiertagsöffnung	7	21,2	28,6	57,1	85,7	85,7	85,7
Tägliche Öffnungszeiten	7	21,2	14,3	28,6	57,1	71,4	71,4
Sonstiges	12	36,4	8,3	33,3	41,7	50,0	66,6
Gesamt Ladenschlussgesetz	33	100,0	15,2	33,3	48,5	57,6	63,6
Preisangabenverordnung							
Allgemeine Relevanz	15	20,8	0	0	13,3	13,3	20,0
Preisauszeichnungspflicht	33	45,8	6,1	6,1	24,2	33,3	45,5
Preisvorgaben, Festpreise	4	5,6	0	25,0	25,0	25,0	50,0
Sonstiges	20	27,8	5,0	20,0	20,0	45,0	60,0
Gesamt Preisangabenverordnung	72	100,0	4,2	9,7	20,8	31,9	44,4

3.2.4.2. Kosten der Regelungen

Die Tabelle 44 enthält die Angaben der befragten Existenzgründer zu den Kosten, welche durch die jeweilige Regelung verursacht wurden.

Tabelle 44: Kosten im Bereich der Marktaufsicht

	Rabattgesetz	Unlauterer Wettbewerb	Laden-schlussgesetz	Preis-angaben-verordnung
Anzahl Befragte				
- Gesamt	316	316	316	316
- Relevant	40	80	33	72
- Angaben zu Kosten	16	30	12	23
- Kosten ungleich Null	4	13	3	10
Erwartungswert Kosten				
- Gesamt (DEM)	26	336	153	135
- Relevant (DEM)	481	2.975	3.750	1.572
Median Kosten*)				
- ungleich Null (DEM)	1.250	2.000	15.000	3.250

*) Siehe die Ausführungen zum Median bei Tabelle 15.

Die im Durchschnitt entstandenen Kosten entsprechen im Wesentlichen der von den Gründern vorgenommenen Bewertung der Behinderung. Auch hierin sind die Regelungen der Marktaufsicht nur unbedeutend im Vergleich zur Gewerbeaufsicht. Direkte Kosten und Folgekosten addieren sich im Bereich der Gewerbeaufsicht auf einen Betrag von durchschnittlich mehr als DEM 30.000,- pro befragtem Existenzgründer. Im Bereich der Marktaufsicht fallen lediglich DEM 650,- pro Interviewpartner an.

3.2.4.3. Ökonometrische Untersuchung der Einflussfaktoren

Die Ordered-Probit-Schätzungen zur Identifikation möglicher Einflussfaktoren auf den Belastungsgrad der Gründer, die in der Tabelle 45 wiedergegeben werden, zeigen, dass im Bereich der Marktaufsicht der Wirtschaftszweig die wesentliche Einflussvariable ist.

Der Handel ist in besonderem Maße von Regelungen der Marktaufsicht betroffen. Das Baugewerbe verzeichnet auch in diesem Bereich nur eine unterdurchschnittliche Behinderung. Etwas überraschend ist die eher mittlere Position im Gesundheitsgewerbe, für das eine stärkere Betroffenheit von Werbeverboten (UWG) erwartet werden konnte. Bei den übrigen Wirtschaftszweigen ist der Befund uneinheitlich. Die Rangfolge der einzelnen Wirtschaftszweige ist der Tabelle 46 zu entnehmen.

Auffällig ist weiterhin, dass die geplante Unternehmensgröße - bei den Regelungen der Gewerbeaufsicht noch eine wesentliche Variable – im Bereich der Marktaufsicht keine Rolle als Einflussfaktor auf die Belastungswerte spielt. Für die Behinderung durch die untersuchten Gesetze und Verordnungen spielt es demnach keine Rolle, ob die Befragten ein kleines oder ein großes Existenzgründungsprojekt planen.[152]

Tabelle 45: Mögliche Einflussfaktoren auf den Grad der Behinderung von Regelungen aus dem Bereich der Marktaufsicht

Regelung Einflussfaktoren	Rabattgesetz	UWG	Ladenschlussgesetz	Preisangabenverordnung
OSTDEUTSCHLAND				
SPD-REGIERT				+
WIRTSCHAFTSZWEIG	*	*	*	*
JUNGER MARKT				-
FÖRDERJAHR				
NEUGRÜNDUNG				
GRÖßE				
WETTBEWERBSINTENSITÄT	+			
KAUFMÄNNISCHE KENNTNISSE		-	(n)	+
BRANCHENKENNTNISSE				-
UNTERNEHMERISCHE KENNTNNISSE				
ÜBERBRÜCKUNGSGELD				
SCHULABSCHLUSS				
FRAU				
LEBENSALTER				-

Erläuterungen: +/-: Variable erhöht/vermindert den Grad der Behinderung durch die entsprechende Regelung in signifikantem Ausmaß (z-Test, 10 % sowie Likelihood-Ratio-Test, 10 %). * : Variablengruppe ist signifikanter Einflussfaktor (Likelihood-Ratio-Test, 10 %). (n): Variable konnte aufgrund linearer Abhängigkeit nicht in die Schätzgleichung aufgenommen werden.

3.2.4.4. Bewertung durch die Gründer

Elf Personen wurden im Rahmen der Intensiv-Interviews zu den Regelungen der Marktaufsicht befragt. Die Qualität der Regelungen wurde von diesen elf befragten Personen überwiegend negativ beurteilt. Lediglich 2 Personen gaben an, die sie betreffende Regelung sei „leicht umsetzbar und verständlich" gewesen. Auch hier zeigten sich klare Unterschiede hinsichtlich der Akzeptanz der einzelnen Regelungen. Die Vorschriften des Gesetzes gegen unlauteren Wettbewerb werden von keinem Befragten als sinnvoll betrachtet. Das Ladenschlussgesetz

[152] Es wurde überprüft, ob sich dieser Befund ändert, wenn statt der Investitionssumme der tatsächliche Umsatz in 1997 in die Schätzgleichung einbezogen wird. Auch diese Größe hat jedoch keinen Einfluss auf den Grad der Behinderung durch die Regelungen der Marktaufsicht.

hingegen wird trotz der Hemmnisse tendenziell als sinnvoll bewertet.[153]

Tabelle 46: Der Einfluss der einzelnen Wirtschaftszweige auf den Grad der Behinderung

Regelung	Rabattgesetz	**UWG**	**Laden-schluss-gesetz**	**Preis-angaben-verordnung**
Wirtschaftszweig				
Verarbeitendes Gewerbe	6.	2.	3.	3.
Baugewerbe	2.	6.	7.	7.
Handel	1.	1.	1.	2.
Gastgewerbe	7.	7.	2.	1.
Verkehr und Nachrichten	4.	-	-	-
Gesundheitsgewerbe	-	4.	-	-
Dienstleistungsgewerbe	3.	3.	6.	6.

Erläuterungen: Es konnten in den Schätzgleichungen nicht alle Wirtschaftszweige einzeln verwendet werden. So wurde z.B. kein Teilnehmer des Sektors Gesundheit durch Rabattgesetz, Ladenschlussgesetz oder die Preisangabenverordnung behindert. Im Sektor Verkehr wurde nur im Zusammenhang mit dem Rabattgesetz die Behinderung eines Teilnehmers vermerkt. Es mussten deshalb zur Bewahrung der linearen Unabhängigkeit der exogenen Variablen in diesen Fällen die nicht betroffenen Sektoren ausgeschlossen werden.

Eine zusammenfassende Bewertung der Qualität der Behörde in Bezug auf die Umsetzung der Regelungen fällt schwer, da ein hoher Prozentsatz der Befragten hierzu keine Angaben machte. Auch hinsichtlich der Verbesserungsvorschläge äußerten sich nur sieben Personen. Es findet sich keine bemerkenswerte Systematik in diesen Anregungen.

3.2.4.5. Gesamtwirtschaftliche Bewertung

Weite Bestandteile der Marktaufsicht stehen sowohl aus theoretischer Sicht (vgl. die Abschnitte 2.3.3, 2.3.4, 2.3.5 und 2.5.2) wie aufgrund der in den vorangegangenen Abschnitten und in den Fallschilderungen[154] vorgenommenen näheren Betrachtung unter dem Verdacht, dass sie eher den Charakter einer Barriere haben, die den Marktzugang für Newcomer erschwert. Vergleiche mit europäischen Nachbarn zeigen eine Reihe von Deregulierungsmöglichkeiten auf, ohne dass es zu einer Verschlechterung der Qualität des Angebotes kommt. Angesichts des gemeinsamen Marktes wird es vermutlich im Verlauf des nächsten Jahrzehnts sowieso zu einer solchen Entwicklung kommen. Die Bundesregie-

153 Angesichts der geringen Zahl der zu den einzelnen Regelungen Befragten ist allenfalls eine erste Tendenz ableitbar.

154 Siehe z.B. die Lfd.-Nr. 43 bis 46 im Anhang (ab Seite 165).

rung täte gut daran, diese Entwicklung vorauszusehen, damit sich die betroffenen Berufsstände auf den zunehmenden Wettbewerbsdruck vorbereiten können.

3.3. Die Zahlungsbereitschaft für eine One-Stop-Agentur

Die Teilnehmer der Studie wurden im Anschluss an die Fragen des Abschnitts 3.2 gebeten, ihre Zahlungsbereitschaft für eine One-Stop-Agentur zu quantifizieren: „Stellen Sie sich nun einmal vor, es gäbe eine Einrichtung, der sie lediglich sagen müssten, dass Sie beabsichtigen, ein Unternehmen zu gründen, und die dann alle behördlichen Erfordernisse für Sie erledigen würde." Beginnend bei einem Betrag von DEM 1.000,- (jeweils plus anfallende Gebühren) wurden den Interviewteilnehmern verschiedene Beträge genannt und so die Zahlungsbereitschaft für eine solche Institution ermittelt.[155] Es ergeben sich folgende Klassifizierungen:

Tabelle 47: Zahlungsbereitschaft für eine One-Stop-Agency

	Anzahl absolut	in %	in % (kum.)
Zahlungsbereitschaft	**316**		
weniger als DEM 1000,-	114	36,1	36,1
DEM 1000,- bis weniger als DEM 2500,-	72	22,7	58,8
DEM 2500,- bis weniger als DEM 5000,-	47	14,9	73,7
DEM 5000,- bis weniger als DEM 7500,-	50	15,8	89,5
DEM 7500 bis weniger als DEM 10000,-	4	1,3	90,8
DEM 10000,- bis weniger als DEM 12500,-	16	5,1	95,9
mehr als DEM 12500,-	13	4,1	100,0

Knapp 2 Drittel aller Befragten wäre bereit, für einen solchen Service mehr als DEM 1000,- zu bezahlen. Über 26% der 316 Befragten waren immerhin noch bereit 5.000 DM und mehr für die Existenz einer solchen Einrichtung auszugeben. Die Zahlungsbereitschaft nimmt allerdings mit steigenden Beträgen rasch ab. Wird für die jeweilige Klasse die mittlere Position als durchschnittliche Zahlungsbereitschaft angenommen, so ergibt sich daraus als **Untergrenze** eine **Durchschnittszahlungsbereitschaft** von abgerundet **DEM 2.900,-**. Es handelt sich um eine Untergrenze, da die Zahlungsbereitschaft der 13 Personen, die mehr als DEM 12.500,- zu zahlen bereit waren, nicht adäquat berücksichtigt

[155] Die genaue Vorgehensweise ist dem Fragebogen, Block B, im Anhang auf Seite 159 zu entnehmen.

werden können (vgl. Tabelle47).[156]

Die Einflussfaktoren auf die Zahlungsbereitschaft der Gründer wurden durch eine Ordered-Probit-Schätzung ermittelt. Da im Vorhinein keine Variablengruppe ausgeschlossen werden konnte, wurden institutionelle und persönliche Größen in die Schätzgleichung aufgenommen. Es stellt sich heraus, dass lediglich 2 Variablen einen signifikanten Einfluss auf die Zahlungsbereitschaft haben. Das Investitionsvolumen, welches stellvertretend für die geplante Unternehmensgröße steht, hat positiven Einfluss auf die Zahlungsbereitschaft der Gründer. Dieser Zusammenhang zeigte sich bereits bei den Regelungen der Gewerbeaufsicht (und zwar bei der Relevanz und bei dem Grad der Behinderung), die nach der vorliegenden Untersuchung die hinderlichsten Vorschriften für Existenzgründer sind.

Bei dem zweiten Einflussfaktor handelt es sich um die Frage, ob es sich um ein Unternehmen handelt, welches auf einem traditionellen Markt agiert oder nicht. Unternehmen, die auf einem neuen Markt[157] angesiedelt sind, haben eine höhere Zahlungsbereitschaft als Gründer in traditionellen Märkten. Dieser Zusammenhang zeigte sich ebenfalls bei der Untersuchung zur Relevanz der Bauverordnungen und –maßnahmen.[158] Da Bauverordnungen den höchsten direkten Zeitaufwand innerhalb der Gewerbeaufsicht verursachten (vgl. Tabelle 9, S. 68), ist es nur logisch, dass die Personen, die in besonderem Maße von diesen Vorschriften betroffen sind, auch eine höhere Zahlungsbereitschaft für eine Dienstleistung zeigen, die ihnen diesen Aufwand abnimmt.[159] Es wird empfohlen, das vorhandene Zahlenmaterial im Rahmen einer noch weiter vertieften Analyse dazu zu nutzen, dem Zusammenhang zwischen Zahlungsbereitschaft und den Behinderungsgraden in einem Schätzmodell direkt nachzugehen.

Alle weiteren Variablen weisen sowohl anhand der *z*-Statistik als auch bei Überprüfung mittels LR-Test lediglich einen insignifikanten Einfluss auf. Persönliche Faktoren wie z.B. Branchenkenntnisse oder der Schulabschluss spielen

---

[156] Wie erwartet ergaben weitere Untersuchungen, dass die Zahlungsbereitschaft der Gründer mit den Belastungen korreliert waren, denen die jeweiligen Gründer ausgesetzt wurden.

[157] Nach der hier verwendeten Definition handelt es sich bei neuen Märkten um solche, die im regionalen Bereich weniger als 20 Jahre existieren. Zur Definition der verwendeten Variablen vgl. Abschnitt 3.2.1.3 der auf Seite 81 beginnt.

[158] Darüber hinaus spielte diese Variable lediglich als signifikanter Einflussfaktor auf die Behinderung durch die Regelungen des Arbeitsamtes bei der Einstellung von Langzeitarbeitslosen eine Rolle.

[159] Diese Interpretation wird auch dadurch bekräftigt, dass die Investitionssumme die zweite Variable ist, welche Einfluss auf die Relevanz der Bauverordnungen hat.

keine Rolle für die Zahlungsbereitschaft der befragten Existenzgründer. Auch der Wirtschaftszweig, der in vielen Fällen bei den einzelnen Regelungen eine wichtige Rolle spielt, ist unerheblich für die Frage, wie viel ein Gründer zu zahlen bereit ist, um dem administrativen Aufwand zu entgehen, der mit einer Existenzgründung verbunden ist.[160]

---

[160] Auch in Abschnitt 3.2.1.3 wurde festgestellt, dass die hinderlichsten und kostspieligsten Vorschriften der Gewerbeaufsicht unabhängig von der Zugehörigkeit zu einem bestimmten Wirtschaftszweig waren.

4. ZUSAMMENFASSENDE BEWERTUNG

Theoretische Analyse

Der gesellschaftliche Wert von Existenzgründungen darf nicht alleine auf deren Beitrag zur Senkung der Arbeitslosigkeit reduziert werden. Ihr Wert lässt sich am besten dann erkennen, wenn man sich vorstellt, wie es um eine Wettbewerbsgesellschaft bestellt wäre, in der ein Gründungsgeschehen gänzlich ausbliebe. Existenzgründungen spielen sowohl bei der Verjüngung existierender unternehmerischer Einheiten einer Gesellschaft eine zentrale Rolle, als auch bei deren dynamischer Entwicklung. Letzteres macht sie gleichzeitig zu einem wichtigen Instrument zur Durchführung struktureller Anpassungsprozesse.

Resultiert daraus jedoch bereits ein wirtschaftspolitischer Handlungsbedarf? Aus idealer Sicht werden die unternehmerischen Elemente einer Marktwirtschaft schon alleine aus dem Motiv der Gewinnerzielung ihre Leistungen zum Wohle der Allgemeinheit bereitstellen und über den Marktpreis dafür entsprechend kompensiert. Die Frage, die sich aus volkswirtschaftlicher Perspektive stellt, ist vielmehr die, ob es Gründe gibt, anzunehmen, dass das Gründungsgeschehen in einer demokratischen Wettbewerbsgesellschaft in einem *unzureichenden* Maß stattfindet. Ein solches Unterangebot an Gründungen setzt voraus, dass der Nutzen von Existenzgründungen zu niedrig veranschlagt wird, weil sie mehr Nutzen stiften, als sie durch den Verkauf ihrer Waren und Dienste erhalten, und/oder aber ihnen Kosten aufgebürdet werden, die gesamtgesellschaftlich nicht gerechtfertigt werden können. Im Ergebnis wäre das Gründungsgeschehen einer Gesellschaft zu schwach ausgeprägt, wichtige Erneuerungsprozesse fänden in zu geringem Maße statt und die Dynamik der Wirtschaft und somit auch ihre Wettbewerbsfähigkeit wäre geschwächt.

Im ersten Teil der vorliegenden Studie wird dieser Sachverhalt theoretisch durchleuchtet. Es wird eine Reihe von Gründen diskutiert, die für ein Unterangebot an Existenzgründungen ursächlich sein können. Die wichtigsten seien an dieser Stelle noch einmal genannt:

1. Eine intakte Existenzgründungslandschaft erzeugt in besonderem Maße Nutzen, der nicht adäquat über den Verkauf von Waren und Diensten kompensiert wird (sogenannte positive Externe Effekte). Solche positiven Effekte sind beispielsweise, dass das Streben nach selbständiger Leistung unterstützt wird, die wirtschaftliche und soziale Verantwortung gefördert wird, ein allgemeiner Beitrag zum Fortschritt geleistet wird, sich die Attraktivität und Leistungsfähigkeit eines Standortes erhöht und es zu einer Steigerung der gesamtgesellschaftlichen Flexibilität kommt. Werden diese positiven Externen

Effekte nicht angemessen berücksichtigt, so ergibt sich hieraus ein zu schwach ausgeprägtes Gründungsgeschehen.

2. Existenzgründungen haben alleine aufgrund ihrer spezifischen Struktur in bestimmten Bereichen *besondere Nachteile*, die ebenfalls für ein Unterangebot im Gründungsgeschehen verantwortlich sein können:

   - *Größennachteile* existieren beispielsweise im Umgang mit administrativen Pflichten oder im Bereich der Finanzierung. So wenden sich Banken ohne weitere Anreize nur ungern kleineren Gründungen zu, da diese aufgrund des geringen Volumens unattraktiv erscheinen.

   - Probleme im Bereich der Finanzierung resultieren auch aus der Existenz von *Informationsmängeln*, die dazu führen, dass Banken sich bei Existenzgründungen größeren Risiken gegenüber sehen und daher mehr Sicherheiten verlangen.

3. Eine gesellschaftlich nicht angemessene Belastung kann ebenso durch ein Übermaß und/oder ineffiziente Organisation *behördlicher Regelungen* entstehen. Auch hier liegt die Betonung auf dem Begriff Übermaß, da die grundsätzliche Sinnhaftigkeit bestimmter behördlicher Regelungen nebst deren Verwaltung nicht in Abrede gestellt werden soll. Sie können eingesetzt werden, um gesellschaftlich negativ wirkende Effekte der Produktion von Waren und Diensten zu verhindern. Zu nennen sind beispielsweise der Bereich des Konsumentenschutzes oder allgemeine Interessen, wie körperliche Unversehrtheit, Gesundheit, Entfaltungsmöglichkeit usw., die ohne die Existenz eines Regelapparates verletzt werden könnten. Im ersten Teil der Arbeit wird eine Vielzahl von Argumenten genannt, die zur Legitimation eines solchen Staatseingriffes angeführt werden können. Dort zeigt sich aber auch, dass

   - häufig das gleiche Ergebnis mit Instrumenten erreichbar ist, die flexibler sind und daher das Gründungsgeschehen weniger belasten,

   - Bürokratien vor dem Problem stehen, dass ihre inneren Anreizstrukturen traditionell dazu führen, dass sie ihre Kompetenzen auszudehnen versuchen, wodurch *Überbürokratie* zu einem *systemimmanenten Problem* wird und

   - dieser Prozess noch dadurch verstärkt wird, dass etablierte Unternehmen zur Wahrung ihrer Interessen auf den politischen Willensbildungsprozess derart einwirken, dass es über den Regelapparat zur Marktabschottung kommt, während Existenzgründer ein schlechtes politisches Standing haben, da sie ja nicht in gleicher Art organisiert vorgehen können.

In diesem Zusammenhang muss also konstatiert werden, dass Bürokratie und Interessengruppen ihren Einfluss auf den gesellschaftspolitischen Prozess derart wahrnehmen, dass permanent die Tendenz zur Ausdehnung des Staatsanteils besteht. Längerfristig resultiert daraus die Gefahr, dass es zu einem Sinken der Rate des realen Wirtschaftswachstums und zur Stagnation der Wirtschaft kommt. In einer demokratischen Gesellschaft mit offenen Märkten wird über den *Wettbewerb der Systeme* mittel- oder längerfristig die Gesellschaft, das Land, die Region oder die Kommune starke Nachteile erleiden, der es nicht gelingt, dieser Tendenz erfolgreich entgegenzuwirken.

Aufgrund des Wettbewerbs der Systeme wird auch das Gründungsgeschehen mittel- oder längerfristig den Orten ausweichen, in denen es durch einen vergleichsweise hohen Bürokratieanteil belastet wird. Dieser Zusammenhang wird von den Behördenmitgliedern offensichtlich häufig nicht wahrgenommen. Aufgrund der inhärenten Tendenz zur Überregulierung besteht nach Meinung der Verfasser ein permanenter Revisionsbedarf des gesamten Regelapparates einer Gesellschaft. Um allerdings sämtliche administrative Eingriffe in ihrer Wirkung erfassen zu können, muss der Administrationsbegriff von den primären administrativen Kompetenzen (Bereich der Behörden) auf die sekundären administrativen Kompetenzen (z.B. Körperschaften öffentlichen Rechts, Verbände, Banken, Förder- und Beratungseinrichtungen) ausgedehnt werden. Während die Beurteilung der Förder- und Beratungseinrichtungen bereits Gegenstand anderer Untersuchungen war, besteht hinsichtlich der Wirkung anderer sekundärer Kompetenzen immer noch Forschungsbedarf, der auch im Rahmen dieser Studie nicht gelöst werden konnte.[161]

Empirische Analyse

Im zweiten Teil der Studie wurden im Rahmen einer selbst durchgeführten empirischen Untersuchung 316 von der DtA geförderte Gründer und Gründerinnen einer standardisierten telefonischen Befragung unterzogen und die gewonnenen Daten daraufhin mit modernen ökonometrischen Methoden ausgewertet. Im Rahmen dieser Untersuchung stellte sich heraus, dass über 15 % der befragten Personen gegen eine gesetzliche Regelung verstoßen mussten, um ihr Unternehmen in der gewünschten Weise gründen zu können. Wesentliches Ziel der empirischen Untersuchung war es jedoch herauszufinden,

- welche Regelungsbereiche besonders belastend wirken,

---

[161] Siehe zur Qualität von Förder- und Beratungseinrichtungen Gries et al. (1997) sowie WSF/Econ-Consult (1999, S. 89-99).

- welche direkten Kosten (Ausgaben wie Gebühren und Zeitaufwand, der direkt bei der Abwicklung der behördlichen Regelung anfällt) und Folgekosten (Kosten, die zur Einhaltung der Regelung notwendig sind, z.B. Investition in Gebäudesicherheit) in diesen Bereichen anfallen,

- welche Faktoren die Belastung seitens der Gründer positiv oder negativ beeinflussen und

- wie hoch die Zahlungsbereitschaft für die Einrichtung einer One-Stop-Agency ist.

Dazu wurden in einem ersten Schritt die Regelungen in die vier Hauptbereiche Gewerbeaufsicht, Fiskus/Steuern, Einstellung von Beschäftigten und Marktaufsicht unterteilt. Gemäß dieser Aufteilung ergaben sich folgende Erkenntnisse:

1. Gewerbeaufsicht:

- Im Bereich der Gewerbeaufsicht waren Betroffenheitsgrad und Belastungen am höchsten, und zwar sowohl hinsichtlich der von den Befragten subjektiv empfundenen Behinderung als auch hinsichtlich der Kostenbelastung.

- Innerhalb dieser Gruppe war der Grad der Behinderungen bei den

  - Bauverordnungen mit Abstand am höchsten, gefolgt von
  - Feuerschutz,
  - Arbeitsstättenverordnung,
  - Umweltschutz und
  - Stellplatzverordnung.

- Die durchschnittlichen direkten Kosten lagen im Bereich der Gewerbeaufsicht für jeden befragten Gründer bei über DEM 2.400, der durchschnittliche Zeitaufwand bei 31 Stunden.

- Die durchschnittlichen Folgekosten lagen im Bereich der Gewerbeaufsicht bei über DEM 28.000. Wenngleich nicht der Fehlschluss getroffen werden darf, dass eine hohe Kostenbelastung bereits als Indiz für unsinnige behördliche Regelungen angesehen werden kann, weist dieses Ergebnis jedoch auf den Bereich hin, in dem der Schuh ganz besonders drückt. Erleichterungen in diesem Bereich haben daher erwartungsgemäß eine besonders große Hebelwirkung.

- Im Rahmen der multivariaten Analyse ergab sich im Unterschied zu früheren Untersuchungen, dass es für den Grad der Behinderungen unerheblich ist, ob eine Gründung in Ostdeutschland oder in Westdeutschland durchgeführt wurde. Demgegenüber sind die einzelnen Branchen unterschiedlich stark von administrativen Behinderungen betroffen. Dass sich Unterschiede zwischen Ostdeutschland und Westdeutschland feststellen lassen, liegt daran, dass in Ostdeutschland im Rahmen des Aufbaus überproportional in den Branchen (insbes. Gastgewerbe) gegründet wird, die bundesweit einer stärkeren administrativen Kontrolle unterliegen.

- Branchenkenntnisse wirkten sich in vielen der Regelungsbereiche senkend auf den Grad der Behinderung aus, wohingegen von der Höhe des Schulabschlusses oder dem Vorliegen kaufmännischer Kenntnisse kein Einfluss auf den Grad der Behinderung ausging.

2. Fiskus/Steuern:

- Innerhalb dieser Gruppe war der Grad der Behinderungen bei der

  - Einkommens- und Umsatzsteuer am höchsten, gefolgt von der
  - Grundsteuer,

  während die verbleibenden Bereiche vergleichsweise unbedeutend waren.

- Wenngleich die Steuerbelastung ein gewichtiger Standortfaktor ist, wurde die Diskussion in diesem Bereich nicht weiter vertieft. Selbstverständlich bezieht ein Wettbewerb der Systeme das Steuersystem einer Gesellschaft ein. Dennoch sei zu den Problemen der Festlegung einer angemessenen Steuerbelastung und der Installation eines klaren und einfachen Steuermodells auf die aktuelle politische Diskussion verwiesen.[162]

- Bei einer Analyse der Einflussfaktoren ergab sich wiederum ein Einfluss der jeweiligen Wirtschaftszweige. Es zeigte sich, dass Gründungen in Märkten mit hoher Wettbewerbsintensität im Umgang mit dem Bereich Fiskus/Steuern insbesondere Liquiditätsproblemen gegenüberstehen. Insgesamt könnten die Finanzbehörden sich Gründern gegenüber schon alleine dadurch etwas sensibler verhalten, wenn sie berücksichtigen würden, dass es sich um Unternehmen in der Startphase handelt, denen mit der Einräumung gewisser Wartezeiten häufig schon sehr geholfen werden kann.

- Interessanterweise ergab sich in der ökonometrischen Untersuchung ein positiver Zusammenhang zwischen den Branchenkenntnissen sowie dem Schulabschluss und den Problemen im Bereich Fiskus/Steuern. Vermeint-

---

[162] Siehe dazu auch z.B. Selling (2000).

lich qualifiziertere Personen haben also nicht zwangsläufig weniger Probleme im Umgang mit den Behörden. Es ist denkbar, dass dieser Personenkreis weniger konfliktscheu ist und sich dadurch eher Problemen mit der Administration ausgesetzt sieht.

3. Einstellung von Beschäftigten:

- Innerhalb dieser Gruppe war der Grad der Behinderungen bei den

  - Unfallverhütungsvorschriften am höchsten, gefolgt von dem
  - Arbeitszeitgesetz und den
  - Sozialversicherungsabgaben.

- Auffallend hoch war der Grad der Behinderungen im Bereich „Sonstiges". Eine genauere Analyse ergab, dass 15 % aller Befragten den Problembereich Einstellungszuschuss bei Beschäftigung von Langzeitarbeitslosen nannten, von denen sich wiederum 40 % durch diese Regelung „stark" bis „sehr stark" behindert empfanden. Angesichts dieser Belastung sollte diese Regelung unbedingt noch einmal durchdacht werden. In der gegenwärtigen Fassung steht sie unter dem Verdacht, dass arbeitsmarktpolitische Probleme auf den Gründungsbereich abgewälzt werden.

- Demgegenüber war das „630 DM-Gesetz", das von 4 % der Befragten genannt wurde, vergleichsweise unbedeutend.

- In der ökonometrischen Analyse ergab sich, dass Probleme in diesem Bereich umso höher sind, je jünger der Markt, höher die Investitionssumme, höher der Schulabschluss und geringer das Lebensalter der Befragten ist.

- Die durchschnittlichen Kosten betrugen in diesem Bereich mehr als DEM 6.000.

4. Marktaufsicht:

- Innerhalb dieser Gruppe war der Grad der Behinderungen im Bereich

  - Unlauterer Wettbewerb am höchsten, gefolgt den Bereichen
  - Ladenschlussgesetz
  - Rabattgesetz und
  - Preisangabenverordnung,

  wobei der Behinderungsgrad „sehr stark" behindernd im Vergleich zum Bereich Gewerbeaufsicht nur selten genannt wird.

- Mit durchschnittlichen Kosten von insgesamt DEM 650 scheint dieser Bereich vergleichsweise unbedeutend. Dennoch ist Vorsicht geboten, da beispielsweise Werbeverbote im Bereich der Freien Berufe häufig den Charakter von Markteintrittsbarrieren haben, die insbesondere für „Newcomer“ nachteilig sind. Die niedrigen durchschnittlichen Kosten können in diesem Bereich schon alleine daher rühren, dass es den befragten Gründern sicherlich schwer gefallen sein dürfte, Kostengrößen wie entgangene Gewinne zu beziffern.

- Im Rahmen der ökonometrischen Analyse war auffallend, dass der Handel in besonderem Maße betroffen war. Überraschenderweise ist die geplante Unternehmensgröße für das Ausmaß der Behinderung in diesem Bereich unerheblich.

Die durchschnittlichen gesamten Kosten (direkte und indirekte Kosten) der in dieser Untersuchung näher analysierten Bereiche belaufen sich auf über DEM 39.000. Unter der Einschränkung, dass die vorliegende Stichprobe nicht repräsentativ ist, ergibt sich daraus für die Bundesrepublik exemplarisch gerechnet ein Gesamtvolumen von über DEM 17 Mrd. Die im Umgang mit der Bürokratie anfallenden direkten Kosten würden sich nach gleicher Vorgehensweise auf über DEM 2 Mrd. summieren. Diese Zahlen müssen allerdings sehr vorsichtig interpretiert werden. Vermutlich stellen sie allenfalls *Untergrenzen* dar, da viele Kosten – wie die erwähnten entgangenen Gewinne – von den Befragten kaum beziffert werden konnten. Noch bedeutsamer ist aber, dass ein großer Teil der sekundären administrativen Kompetenzen nicht erfasst werden konnten. So blieb beispielsweise der Einfluss der Kammern, Innungen und ähnlichen Körperschaften des öffentlichen Rechts ebenso unberücksichtigt, wie der Bankenbereich oder die verschiedenen Fördersysteme, die ebenfalls behördlichen Einflüssen unterliegen.

One-Stop-Agentur

Die Zahlungsbereitschaft wird in der vorliegenden Studie in einem ökonomischen Ansatz als Maß für den Wert einer zentralen Anlaufstelle für Existenzgründer herangezogen. Die Summe der einzelnen Zahlungsbereitschaften signalisiert den Wert der *One-Stop-Agentur* für die Gesamtheit der Gründer. Selbst unter Berücksichtigung der Kosten einer solchen Einrichtung kann ihr gesellschaftlicher Wert durchaus höher liegen, wenn die daraus resultierende Verbesserung der deutschen Gründungslandschaft zusätzliche positive Effekte für die Gesellschaft generiert. Daher folgt daraus auch keineswegs der Schluss, dies sei auch der Preis, den Gründerinnen und Gründer für Dienstleistungen eines solchen One-Stop-Shop zu zahlen hätten.

- Im Durchschnitt waren die Gründer und Gründerinnen bereit, etwa DEM 2.900 für eine Einrichtung zu bezahlen, die alle behördlichen Belange für sie erledigen würde.

- Vor allem Unternehmen, die in jungen (dynamischen) Märkten agieren, zeichneten sich durch eine hohe Zahlungsbereitschaft aus. Vermutlich sind dort die betrieblichen Verluste, die aus dem Umgang mit Behörden resultieren, noch stärker zu spüren als in traditionellen Märkten.

Existenzgründer und Existenzgründerinnen versus Bürokratie

Neben der standardisierten telefonischen Befragung wurden in einem zweiten Schritt noch einmal 66 Gründer und Gründerinnen in telefonischen Intensivinterviews befragt. Dabei wurden gezielt die Personen ausgesucht, die in den verschiedenen behördlichen Bereichen auf besondere Probleme gestoßen waren. Die folgenden Ergebnisse dieser Intensivinterviews können als wesentlich hervorgehoben werden:

- Selbst stark behindernde Regelungen wurden häufig als sinnvoll beurteilt. Kritisiert wurde vor allem der „hohe Komplexitätsgrad" der Regelungen. Die hohe Akzeptanz des Regelungsapparates muss sicherlich auch mit der kulturhistorischen und gesellschaftspolitischen Entwicklung der Bundesrepublik Deutschland erklärt werden. Alternativen sind den Betroffenen häufig gar nicht bewusst, was nicht so sehr verwundert, da sie schließlich keine Experten in der Gestaltung gesellschaftlicher Rahmenbedingungen sind. Die Ergebnisse zeigen aber deutlich, dass wir es bei jungen Unternehmern und Unternehmerinnen nicht mit sozialen Verweigerern zu tun haben. Allerdings empfanden noch etwas über 11 % dieser Befragtengruppe bestimmte Regelungen, die sie behinderten, als reine Willkür.

- Den Behörden wird zwar Kompetenz zugestanden, dennoch richteten sich die Hauptvorwürfe gegen die Qualität der Behörden und nicht gegen die Sinnhaftigkeit der Regelungen selber. Beklagt wurden diesbezüglich Inflexibilität, Undurchsichtigkeit, zu geringer behördlicher Spielraum und vor allem zu wenig Verständnis für die speziellen Probleme von Gründern.

- Die Einrichtung von beratenden Stellen wird begrüßt. Zudem werden Einrichtungen gefordert, welche die Arbeit der Behörden besser kontrollieren.

- Im Bereich der Marktaufsicht finden vor allem Regelungen des Gesetzes gegen unlauteren Wettbewerb wenig Zustimmung.

Weitere Empfehlungen

Neben dem eingangs erwähnten permanenten Revisionsbedarf des gesellschaftlichen Regelungsapparates lassen sich aufgrund der in dieser Studie herausgearbeiteten theoretischen und empirischen Erfahrungen auf der *Ebene der Behörden* folgende Empfehlungen aussprechen:

- Die Einrichtung von Kurzverfahren, damit Gründungen früher begonnen werden können, sowie die Einrichtung von Karenzzeiten bei der Steuererhebung, um Liquiditätsengpässe in der Aufbauphase nicht zu stark werden zu lassen.

- Die Einrichtung von One-Stop-Agenturen. Eine solche Instanz muss aber mit der entsprechenden Autorität ausgestattet werden und aktiv an Verbesserungen des Regelapparates mitarbeiten können. Dazu bedarf es jedoch keiner weiteren Regelung, sondern vielmehr der politischen Unterstützung, zum Beispiel seitens der Bürgermeisterschaft einer Gemeinde. Den politischen Beteiligten ist ins Bewusstsein zu rufen, dass eine unterlassene Existenzgründungspolitik längerfristig Nachteile im Wettbewerb der politischen Einrichtungen nach sich zieht.

- Weitere Rationalisierungen in der Ablauforganisation und Verbesserungen im Service der Behörden. Die Einführung von Leistungsanreizen und wettbewerblichen Komponenten (Transparenz der Behördenleistungen zum Leistungsvergleich) zur Verbesserung des Angebots.

Als Ansatzpunkte für eine Reform des *Regelapparates* wurden vor allem die folgenden Maßnahmen diskutiert:

- Eine Vielzahl von gesetzlichen Regelungen wie Vorschriften, Auflagen und Qualifikationsanforderungen ist verzichtbar oder könnte zumindest durch eine Veränderung im Bereich des Produkthaftungsrechts ersetzt werden. Zudem sollten bürokratiearme wirtschaftspolitische Instrumente eingesetzt und im Rahmen der Pflege des wirtschaftspolitischen Grundkonsenses offen diskutiert werden. Innerhalb der wirtschaftpolitischen Diskussion herrscht diesbezüglich weitgehend Einigkeit:

  “Soll die öffentliche Verwaltung in Schranken gehalten werden, dann müssen vor allem Instrumente eingesetzt werden, die nur geringen bürokratischen Aufwand benötigen. Wirtschaftspolitische Instrumente, die das Preissystem verwenden, um bestimmte Ziele zu erreichen, sind vorzuziehen. Insbesondere könnte vorgesehen werden, dass bei jeder neuen staatlichen Aufgabe geprüft werden muss, ob anstelle von direkten Vorschriften nicht *Lizenzen*, d.h. frei handelbare Anrechte, oder *Lenkungssteuern* (bzw. Lenkungssubventionen) verwendet werden können."[163]

- Ein großer Teil der unter dem Begriff Marktaufsicht zusammengefassten Maßnahmen (z.B. Werbeverbote, Geschäftszeitenregelung) stehen unter dem Verdacht, dass sie eher den Marktzutritt behindern, als geeignet sind, ihrer vermeintlichen Bestimmung zuträglich zu sein, d.h. dem Verbraucherschutz oder dem Schutz der Angestellten zu dienen.

- Zwangsmitgliedschaften in den Kammern sowie andere Formen der Qualitätskontrolle über Pflichtmitgliedschaften oder Lizenzierung sollten grundlegend überdacht und weitgehend liberalisiert werden, da die gleichen Ziele mit anderen Instrumenten erreicht werden können, ohne die entsprechenden Marktzutrittsbarrieren aufzubauen.

- Die Einrichtung von Förderdarlehen, bei denen sich die Vergabe nicht zentral an dem Kriterium der Kreditsicherung orientiert, sondern ein großzügiger Umgang mit den Ausfallrisiken erfolgt, wie beispielsweise bei DtA-StartGeld.

- Gründungen in dynamischen Märkten kommen eher mit Behörden in Konflikt als Gründungen in traditionellen Märkten, da Behörden eher konservativ operieren. Auf der anderen Seite sind es aber genau diese Gründungen, an denen sich der Strukturwandel vollzieht. Sie verdienen daher eine besondere Beachtung.

Neben den genannten eher pragmatischen Lösungen ist also vor allem ein Umdenken in den Köpfen zu erwirken, um die Verantwortlichen für die Kosten des Regelapparates zu sensibilisieren. Aus diesem Grund sind die erwähnten marktkonformen Instrumente ebenso offen zu diskutieren wie etwa die Vorzüge eines leistungsorientierten Anreizsystems innerhalb der Behörden. Das Rationalisierungspotential dieser Maßnahmen dürfte enorm sein, der Widerstand ihnen gegenüber jedoch ebenfalls. Zu große Schritte sind daher kaum praktikabel, dennoch sollte eine permanente Revision unter Einbezug von wirtschaftspolitischen Experten erfolgen. Dazu zählt auch eine Revision der staatlich unterstützten Fördereinrichtungen und -maßnahmen, wie sich zum Beispiel beim Einstellungszuschuss für Langzeitarbeitslose gezeigt hat.

Die gegebenen Hinweise sollten weniger als Kritik, denn als Empfehlung betrachtet werden. Selbst wenn keine Evaluation der Behörden von innen heraus stattfindet, so zeigt sich doch in dem allgemeinen Trend zur Durchführung von

---

[163] Frey & Kirchgässner (1994, S. 198)

Bewertungen in den Medien die Nachfrage nach mehr Transparenz in den Leistungen der öffentlichen Dienste. Das wird sich auch im Bereich der Unternehmensgründungen fortsetzen. Alleine die Entwicklung im Bereich des Internet wird hier einen enormen Schub in Richtung Transparenz behördlicher Leistungen schaffen. Man mag dabei die verwendeten Instrumente für die Evaluation als unzureichend darstellen, deren Qualität wird jedoch im Verlauf ebenso zunehmen wie der Wettbewerbsdruck zwischen behördlichen Einrichtungen. Während im Zusammenhang mit dieser Tendenz der ruinöse Aspekt des Wettbewerbs von Förderlandschaften gerne hervorgehoben wird, kommen die damit verbundenen Chancen in der politischen Diskussion immer noch zu kurz.

5. LITERATUR

Akerlof, George A.
The Markets for ‚Lemons' – Quality Uncertainty and the Market Mechanism, in: Quarterly Journal of Economics, Vol. 84, S. 488-500, 1970

Albach, Horst
Rahmenbedingungen für Existenzgründungen in Deutschland, Zeitschrift für Betriebswirtschaft, Jahrg. 67, 441-451, 1997

Albach, Horst
Unternehmensgründungen in Deutschland: Potentiale und Lücken, Diskussionspapier FS IV 98-1, Wissenschaftszentrum Berlin, 1998

Albach, Horst, Hunsdiek, Detlef
Die Bedeutung von Unternehmensgründungen für die Anpassung der Wirtschaft an veränderte Rahmenbedingungen, Zeitschrift für Betriebswirtschaft, 57, S. 562-580, 1987

Alemann, Ulrich von; Forndran, Erhard (Hrsg.)
Interessenvermittlung und Politik, Westdeutscher Verlag – Opladen, 1983

Becker, Hans P.
Gründungsprobleme und die Förderung von Existenzgründungen – Ergebnisse einer Befragung in Baden-Württemberg, Zeitschrift für Betriebswirtschaftliche Forschung, Jahrg. 4, S. 510-523, 1982

Brüggelambert, Gregor
Nachteile von Gründungen in jungen Märkten beim Umgang mit Behörden und bei der Kreditaufnahme, *Diskussionsbeiträge* aus dem Fachbereich Wirtschaftswissenschaften, Universität GH Essen, Essen, 2000

Cassel, Dieter
Schattenwirtschaft und Deregulierung, in: G. Aschinger et al. (Hrsg.), Deregulierung – eine Herausforderung an die Wirtschafts- und Sozialpolitik in der Marktwirtschaft, Duncker & Humblot, Berlin, 1989

Clemens, Reinhard; Kokalj, Ljuba
Bürokratie – ein Kostenfaktor, in: Schriften zur Mittelstandsforschung Nr. 66 NF, Schäffer-Poeschel, Stuttgart, 1995

Deregulierungskommission (Hrsg.)
Marktöffnung und Wettbewerb – Deregulierung als Programm, Stuttgart, Poeschel, 1991

Deutsche Ausgleichsbank (Hrsg.)
DtA-Förderreport 1999: Die DtA-Förderbereiche im Jahr 1999, 2000

Diekmann, Andreas
Empirische Sozialforschung, Hamburg: Reinbek, 1995

Donges, Jürgen B.
Deregulierung und wirtschaftliche Dynamik, in: H. Siebert (Hrsg.), Kieler Vorträge, Neue Folge 120, 1991

Donges, Jürgen B.
Ist die Meisterprüfung im Handwerk überflüssig? – Zu den Vorstellungen der Deregulierungskommission, Zeitschrift für Wirtschaftspolitik, Jg. 41, S. 71-85, 1992

Downs, Antony
Nonmarket Decision Making, A Theory of Bureaucracy, in: American Economic Review, Papers and Proceedings, Vol. 55, S. 439-446, 1965

Endres, Alfred
Ökonomische Grundlagen des Haftungsrechts, Physika, Heidelberg, 1991

Ewers, Hans-Jürgen; Schulz, Werner
Die monetären Nutzen gewässergüteverbessernder Maßnahmen, Schmidt Verlag, Berlin, 1982

Fredebeul-Krein, Markus; Schürfeld, Angela
Die Deregulierung des deutschen Handwerks als ordnungspolitische Aufgabe, ORDO, 49, 515-540, 1998

Frey, Bruno S.; Kirchgässner, Gebhard
Demokratische Wirtschaftspolitik, 2. Aufl., Vahlen, München, 1994

Friedman, Milton
Kapitalismus und Freiheit, Seewald, Stuttgart, 1971

Fritsch, Michael; Wein, Thomas; Ewers, Hans-Jürgen
Marktversagen und Wirtschaftspolitik: Mikroökonomische Grundlagen staatlichen Handelns, Vahlen, München, 1993

Frick, Siegfried; Lageman, Bernhard; Rosenbladt, Bernhard von; Voelzkow, Helmut; Welter, Friederike
Möglichkeiten zur Verbesserung des Umfeldes für Existenzgründer und Selbständige, Rheinisch-Westfälisches Institut für Wirtschaftsforschung, Essen, 1998

Gabler's Wirtschaftslexikon
13., vollständig überarbeitete Auflage, Gabler Verlag, Wiesbaden, 1993

Gelking, Christoph
Deregulierung der freien Berufe, Lang, Frankfurt/M., 1997

Greene, William H.
Econometric Analysis, Macmillan, New York, 1993

Greene, William H.
User's Manual Limdep Version 7.0, Econometric Software Inc., Bellport, 1995

Gries, Christin-Isabel; May-Strobl, Eva; Paulini, Monika
Die Bedeutung der Beratung für die Gründung von Unternehmen, Institut für Mittelstandsforschung, IfM-Materialien Nr. 126, Bonn, 1997

Habermehl, Werner
Angewandte Sozialforschung, Oldenbourg Verlag, München, 1992

Häckner, Jonas; Neyberg Sten
Deregulating Taxi Services, Journal of Transport Economics and Policy, Vol. 29, S. 195-207, 1995

Institut für Mittelstandsforschung (Hrsg.)
Wissenschaftliche Begleitforschung 1996 zur Gründungsoffensive Nordrhein-Westfalen: Gutachten im Auftrag des Ministeriums für Wirtschaft, Mittelstand, Technologie und Verkehr des Landes Nordrhein-Westfalen, IfM-Materialien Nr. 123, Bonn, 1997

Kritikos, Alexander; Wießner, Frank
Ein zweiter Kreditmarkt für eine zweite Chance, Perspektiven der Wirtschaftspolitik, Jahrg. 1, S. 357-378, 2000

Lageman, Bernhard; Frick, Siegfried; Welter, Friederike
Kultur der Selbständigkeit, in: R. Ridinger, P. Weiss (Hrsg.), Existenzgründungen und dynamische Wirtschaftsentwicklung, Duncker & Humblot, Berlin, 1999

Lamnek, Siegfried
Qualitative Sozialforschung, Bd. 2. Methoden und Techniken, 3., korrigierte Auflage, Beltz, Weinheim, 1995

Maisberger, Paul
Hinterher ist man immer klüger: Erfahrungen und Erlebnisse rund um die Unternehmensgründung, Bertelsmann, Bielefeld, 1998

Möhlig, Günther; Diethelm, Gerd; Feidicker, Hanno (Hrsg.)
Problembereiche und Handlungsfelder bei Existenzgründungen – Eine empirische Studie mit Gründern und Beratern, 1998

Müller-Böling, Detlef; Klandt, Heinz
Empirische Gründungsforschung, Universität Dortmund, Fachbereich Wirtschafts- und Sozialwissenschaften, Fachgebiet Empirische Wirtschafts- und Sozialforschung, Arbeitsbericht Nr. 27, Dortmund, 1992

Niskanen, William. A.
Bureaucracy and Representative Government, Aldine Atherton, Chicago 1971

North, Douglass C.
Institutionen, institutioneller Wandel und Wirtschaftsleistung, Mohr, Tübingen, 1992

Olson, Mancur
Die Logik des kollektiven Handelns, Mohr, Tübingen, 1968

Rengeling, Hans-Werner
Beschleunigung von Planungs- und Genehmigungsverfahren - Deregulierung, in: Hans-Werner Rengeling u.a. (Hrsg.), Schriften zum deutschen und europäischen Umweltrecht, Bd. 10, Heymann, Köln, 1997

Richter, Rudolf; Furubotn, Eirik G.
Neue Institutionenökonomik, 2. Aufl., Mohr, Tübingen, 1999

Ridinger, Rudolf
Existenzgründungen und dynamische Wirtschaftsentwicklung; in: Rudolf Ridinger & Peter Weiss (Hrsg.), Existenzgründungen und dynamische Wirtschaftsentwicklung, Duncker & Humblot, Berlin, 1999

Ridinger, Rudolf; Weiss, Peter (Hrsg.)
Existenzgründungen und dynamische Wirtschaftsentwicklung, Duncker & Humblot, Berlin, 1999

Ridinger, Rudolf; Weiss, Peter
Existenzgründungen in der Mittelstandspolitik; in: Rudolf Ridinger & Peter Weiss (Hrsg.), Existenzgründungen und dynamische Wirtschaftsentwicklung, Duncker & Humblot, Berlin, 1999b

Sachverständigenrat (Hrsg.)
Schlanker Staat, Materialband, Abschlußbericht Band 2, 2., unveränderte Auflage, Vorsitzender Rupert Scholz, MdB, Redaktion: Bundesministerium des Innern, Bonn, 1998a

Sachverständigenrat (Hrsg.)
Schlanker Staat, Leitfaden zur Modernisierung von Behörden, Abschlußbericht Band 3, 2., unveränderte Auflage, Vorsitzender Rupert Scholz, MdB, Redaktion: Bundesministerium des Innern, Bonn, 1998b

Schinkel, Susanne; Steiner, Joachim
Bedeutung, Problematik und Maßnahmen der Förderung von Existenzgründungen, WiSt, Heft 10, S. 489-493, 1980

Schmidt, Ingo
Wettbewerbspolitik und Kartellrecht, 6. Aufl., Lucius & Lucius, Stuttgart, 1999

Schulte, Reinhard
Kreditwirtschaft und Unternehmensgründungen, bifego – Schriften zur Gründungsforschung, Band 2, Dortmund, 1997

Schulte, Reinhard
Das Risikoverhalten von Banken gegenüber Existenzgründungen, in: Rudolf Ridinger & Peter Weiss (Hrsg.), Existenzgründungen und dynamische Wirtschaftsentwicklung, Duncker & Humblot, Berlin, 1999

Selling, Heinz-Jürgen
Deutschland im Steuerwettbewerb der Staaten, Internationales Steuerrecht, Heft 8, 9. Jahrg., S. 225-232, 2000

Skambracks, Daniel
Gründungsbremse Bürokratie, Deutsche Ausgleichsbank (Hrsg.), Wissenschaftliche Reihe, Band 13, Bonn-Bad Godesberg, 1999

Streit, Manfred E.
The Mirage of Neo-Corporatism, Kyklos, Vol. 41, 603-624, 1988

Struck, Jochen
Engpass Eigenkapital: DtA Studie zur Bilanzstruktur ostdeutscher Existenzgründungen, Deutsche Ausgleichsbank (Hrsg.), Wissenschaftliche Reihe, Band 4, Bonn-Bad Godesberg, 1996

Tullock, Gordon
Rent Seeking, Edward Elgar, Aldershot, 1993

Verbeek, Marno
A Guide to Modern Econometrics, Wiley & Sons, Chichester, 2000

Weise, Peter; Brandes, Wolfgang; Eger, Thomas; Kraft, Manfred
Neue Mikroökonomik, 2. Aufl., Physika, Heidelberg, 1991

Weiss, Peter
Entwicklung von Existenzgründungen – Eine Bestandsaufnahme, in: Rudolf Ridinger & Peter Weiss (Hrsg.), Existenzgründungen und dynamische Wirtschaftsentwicklung, Duncker & Humblot, Berlin, 1999

Weitzel, Günter
Bescheidene Beschäftigungswirkungen durch Neugründungen, ifo-schnelldienst, 7/86, S. 5-13, 1986

Williamson, Olliver E.
Die ökonomischen Institutionen des Kapitalismus, Mohr-Siebeck – Tübingen, 1990

Wittkämper, Gerhard W.
Bürokratieverlagerung – Ursachen, Folgen und Möglichkeiten des Abbaus, Wirtschaftsdienst, 64, 1984, S. 95-100

WSF/Econ-Consult
Abbau bürokratischer Hemmnisse bei Existenzgründungen und –übernahmen: Forschungsprojekt im Auftrag des Bundesministeriums für Wirtschaft und Technologie, WSF Wirtschafts- und Sozialforschung und Econ-Consult, 1999

ANHANG (FRAGEBOGEN)

(BEGINN FRAGEBOGEN) LFD. NR.____

(BLOCK A)

Im Folgenden möchten wir Sie, wie in unserem Merkblatt bereits angekündigt, genauer zu einzelnen administrativen Regelungen befragen.

Der erste Bereich beinhaltet die Regelungen, die in Zusammenhang mit der **Gewerbeaufsicht** stehen.

WICHTIG: BEI DER ERSTEN NENNUNG EINES RELEVANTEN BEREICHES BITTE DIE ERLÄUTERUNGEN DES ZUSATZBLATTES ZU DEN FRAGEN C) UND D) EINFÜGEN!!!

A.1.1.a) Waren Regelungen im Bereich der **Feuerschutzvorschriften** für Sie relevant?

Ja (1)	Nein (0) (→ FRAGE A.1.2.)	KEINE ANGABE (9) (→ FRAGE A.1.2.)
□	□	□

b) Um welche Regelungen handelte es sich konkret?

c) Wie stark wurden Sie durch die Regelungen behindert?

GAR NICHT (0)	Sehr wenig (1)	Wenig (2)	Mittel (3)	Stark (4)	Sehr Stark (5)	KEINE ANGABE (9)
□	□	□	□	□	□	□

d) Wie hoch war(en) in diesem Bereich die/der

direkten Kosten	____________	DEM	KEINE
direkte Zeitaufwand	____________	Stunden	ANGABE (9)
Folgekosten	____________	DEM	□

A.1.2.a) Waren Regelungen im Bereich der **Umweltschutzgesetze** für Sie relevant?

Ja (1)	Nein (0) (→ FRAGE A.1.3.)	KEINE ANGABE (9) (→ FRAGE A.1.3.)
☐	☐	☐

b) Um welche Regelungen handelte es sich konkret?

c) Wie stark wurden Sie durch die Regelungen behindert?

GAR NICHT (0)	Sehr wenig (1)	Wenig (2)	Mittel (3)	Stark (4)	Sehr Stark (5)	KEINE ANGABE (9)
☐	☐	☐	☐	☐	☐	☐

d) Wie hoch war(en) in diesem Bereich die/der

direkten Kosten	____________	DEM	KEINE ANGABE (9)
direkte Zeitaufwand	____________	Stunden	
Folgekosten	____________	DEM	☐

A.1.3.a) Spielten Regelungen im Bereich **Arbeitsstättenverordnung** für Sie eine Rolle?

Ja (1)	Nein (0) (→ FRAGE A.1.4.)	KEINE ANGABE (9) (→ FRAGE A.1.4.)
☐	☐	☐

b) Um welche Regelungen handelte es sich konkret?

c) Wie stark wurden Sie durch die Regelungen behindert?

GAR NICHT (0)	Sehr wenig (1)	Wenig (2)	Mittel (3)	Stark (4)	Sehr Stark (5)	KEINE ANGABE (9)
☐	☐	☐	☐	☐	☐	☐

d) Wie hoch war(en) in diesem Bereich die/der

direkten Kosten	____________	DEM	KEINE ANGABE (9)
direkte Zeitaufwand	____________	Stunden	
Folgekosten	____________	DEM	☐

A.1.4.a) Waren Regelungen im Bereich **Bauverordnungen und -maßnahmen** für Sie relevant?

Ja (1)	Nein (0) (→ FRAGE A.1.5.)	KEINE ANGABE (9) (→ FRAGE A.1.5.)
□	□	□

b) Um welche Regelungen handelte es sich konkret?

c) Wie stark wurden Sie durch die Regelungen behindert?

GAR NICHT (0)	Sehr wenig (1)	Wenig (2)	Mittel (3)	Stark (4)	Sehr Stark (5)	KEINE ANGABE (9)
□	□	□	□	□	□	□

d) Wie hoch war(en) in diesem Bereich die/der

direkten Kosten	______	DEM	KEINE
direkte Zeitaufwand	______	Stunden	ANGABE (9)
Folgekosten	______	DEM	□

A.1.5.a) Hatten Sie mit Regelungen im Bereich **Stellplatzverordnung** zu tun?

Ja (1)	Nein (0) (→ FRAGE A.1.6.)	KEINE ANGABE (9) (→ FRAGE A.1.6.)
□	□	□

b) Um welche Regelungen handelte es sich konkret?

c) Wie stark wurden Sie durch die Regelungen behindert?

GAR NICHT (0)	Sehr wenig (1)	Wenig (2)	Mittel (3)	Stark (4)	Sehr Stark (5)	KEINE ANGABE (9)
□	□	□	□	□	□	□

d) Wie hoch war(en) in diesem Bereich die/der

direkten Kosten	______	DEM	KEINE
direkte Zeitaufwand	______	Stunden	ANGABE (9)
Folgekosten	______	DEM	□

A.1.6.a) Benötigten Sie **Genehmigungen/Erlaubnisse für spezielle Wirtschaftszweige**?

Ja (1)	Nein (0) (→ FRAGE A.1.7.)	KEINE ANGABE (9) (→ FRAGE A.1.7.)
□	□	□

b) Um welche Regelungen handelte es sich konkret?

c) Wie stark wurden Sie durch die Regelungen behindert?

GAR NICHT (0)	Sehr wenig (1)	Wenig (2)	Mittel (3)	Stark (4)	Sehr Stark (5)	KEINE ANGABE (9)
□	□	□	□	□	□	□

d) Wie hoch war(en) in diesem Bereich die/der

direkten Kosten	________	DEM	KEINE
direkte Zeitaufwand	________	Stunden	ANGABE (9)
Folgekosten	________	DEM	□

A.1.7.a) Waren Regelungen im Bereich **Kommunaler Nutzungspläne** für Sie relevant?

Ja (1)	Nein (0) (→ FRAGE A.1.8.)	KEINE ANGABE (9) (→ FRAGE A.1.8.)
□	□	□

b) Um welche Regelungen handelte es sich konkret?

c) Wie stark wurden Sie durch die Regelungen behindert?

GAR NICHT (0)	Sehr wenig (1)	Wenig (2)	Mittel (3)	Stark (4)	Sehr Stark (5)	KEINE ANGABE (9)
□	□	□	□	□	□	□

d) Wie hoch war(en) in diesem Bereich die/der

direkten Kosten	________	DEM	KEINE
direkte Zeitaufwand	________	Stunden	ANGABE (9)
Folgekosten	________	DEM	□

A.1.8.a) Mußten Sie an von den Behörden vorgeschriebenen **Schulungsmaßnahmen** teilnehmen?

Ja (1)	Nein (0) (→ FRAGE A.1.9.)	KEINE ANGABE (9) (→ FRAGE A.1.9.)
☐	☐	☐

b) Um welche Regelungen handelte es sich konkret?

c) Wie stark wurden Sie durch die Regelungen behindert?

GAR NICHT (0)	Sehr wenig (1)	Wenig (2)	Mittel (3)	Stark (4)	Sehr Stark (5)	KEINE ANGABE (9)
☐	☐	☐	☐	☐	☐	☐

d) Wie hoch war(en) in diesem Bereich die/der

direkten Kosten	______	DEM	KEINE
direkte Zeitaufwand	______	Stunden	ANGABE (9)
Folgekosten	______	DEM	☐

A.1.9.a) Gibt es im Rahmen der Gewerbeaufsicht **weitere Bereiche**, die relevant für Sie waren?

Ja (1)	Nein (0) (→ FRAGE A.2.1.)	KEINE ANGABE (9) (→ FRAGE A.2.1.)
☐	☐	☐

b) Um welche Regelungen handelte es sich konkret?

c) Wie stark wurden Sie durch die Regelungen behindert?

GAR NICHT (0)	Sehr wenig (1)	Wenig (2)	Mittel (3)	Stark (4)	Sehr Stark (5)	KEINE ANGABE (9)
☐	☐	☐	☐	☐	☐	☐

d) Wie hoch war(en) in diesem Bereich die/der

direkten Kosten	______	DEM	KEINE
direkte Zeitaufwand	______	Stunden	ANGABE (9)
Folgekosten	______	DEM	☐

A.2.1.a) Es folgen die Fragen zum Bereich **Fiskus/Steuer**. Traten für Sie im Zusammenhang mit **Einkommen- bzw. Umsatzsteuer** besondere Hindernisse auf?

Ja (1)	Nein (0) (→FRAGE A.2.2.)	KEINE ANGABE (9) (→FRAGE A.2.2.)
☐	☐	☐
Um welche Probleme handelte es sich konkret?		

A.2.2.a) War die **Gewerbe- bzw. Körperschaftssteuer** besonders hinderlich für Sie?

Ja (1)	Nein (0) (→FRAGE A.2.3.)	KEINE ANGABE (9) (→FRAGE A.2.3.)
☐	☐	☐
b) Um welche Probleme handelte es sich konkret?		

A.2.3.a) Traten für Sie im Zusammenhang mit der **Grundsteuer** besondere Probleme auf?

Ja (1)	Nein (0) (→FRAGE A.2.4.)	KEINE ANGABE (9) (→FRAGE A.2.4.)
☐	☐	☐
b) Um welche Probleme handelte es sich konkret?		

A.2.4.a) Waren **kommunale Steuern** besonders hinderlich für Sie?

Ja (1)	Nein (0) (→FRAGE A.2.5.)	KEINE ANGABE (9) (→FRAGE A.2.5.)
☐	☐	☐
b) Um welche Probleme handelte es sich konkret?		

A.2.5.a) Gab es im Rahmen von **Fiskus bzw. Steuern** weitere Regelungen, die sich als besonders hinderlich erwiesen?

Ja (1)	Nein (0)	KEINE ANGABE (9)
	(→FRAGE A.3.1.)	(→FRAGE A.3.1.)
□	□	□
b) Um welche Probleme handelte es sich konkret?		

A.3.1. Der dritte große Bereich soll sich mit der **Einstellung von Beschäftigten** und den Regelungen des **Arbeitsamtes** befassen. Waren Sie mit der **Einstellung von Beschäftigten** befasst?

Ja (1)	Nein (0)	KEINE ANGABE (9)
	(→ FRAGE A.3.7.)	(→ FRAGE A.3.7.)
□	□	□

A.3.2.a) Traten im Zusammenhang mit der **Lohnsteuer** besondere Hindernisse auf?

Ja (1)	Nein (0)	KEINE ANGABE (9)
	(→FRAGE A.3.3.)	(→FRAGE A.3.3.)
□	□	□
b) Um welche Probleme handelte es sich konkret?		

A.3.3.a) Waren Regelungen im Bereich der **Sozialversicherungsabgaben** besonders hinderlich?

Ja (1)	Nein (0)	KEINE ANGABE (9)
	(→FRAGE A.3.4.)	(→FRAGE A.3.4.)
□	□	□
b) Um welche Probleme handelte es sich konkret?		

A.3.4.a) Mußten Sie Regelungen beachten, die sich aus der **Arbeitszeitverordnung** ergeben?

Ja (1)	Nein (0) (→ FRAGE A.3.5.)	KEINE ANGABE (9) (→ FRAGE A.3.5.)
□	□	□

b) Um welche Regelungen handelte es sich konkret?

c) Wie stark wurden Sie durch die Regelungen behindert?

GAR NICHT (0)	Sehr wenig (1)	Wenig (2)	Mittel (3)	Stark (4)	Sehr Stark (5)	KEINE ANGABE (9)
□	□	□	□	□	□	□

d) Wie hoch waren die Kosten, die Ihnen diese Regelungen verursachten?

____________ DEM □ KEINE ANGABE (9)

A.3.5.a) Mußten Sie Regelungen beachten, die sich aus dem Bereich der **Unfallverhütungsvorschriften** ergeben?

Ja (1)	Nein (0) (→ FRAGE A.3.6.)	KEINE ANGABE (9) (→ FRAGE A.3.6.)
□	□	□

b) Um welche Regelungen handelte es sich konkret?

c) Wie stark wurden Sie durch die Regelungen behindert?

GAR NICHT (0)	Sehr wenig (1)	Wenig (2)	Mittel (3)	Stark (4)	Sehr Stark (5)	KEINE ANGABE (9)
□	□	□	□	□	□	□

d) Wie hoch waren die Kosten, die Ihnen diese Regelungen verursachten?

____________ DEM □ KEINE ANGABE (9)

A.3.6.a) Mußten Sie weitere Regelungen im Zusammenhang mit der **Einstellung von Beschäftigten** beachten?

Ja (1) □	Nein (0) (→ FRAGE A.3.7.) □	KEINE ANGABE (9) (→ FRAGE A.3.7.) □
b) Um welche Regelungen handelte es sich konkret?		

c) Wie stark wurden Sie durch die Regelungen behindert?						
GAR NICHT (0) □	Sehr wenig (1) □	Wenig (2) □	Mittel (3) □	Stark (4) □	Sehr Stark (5) □	KEINE ANGABE (9) □

d) Wie hoch waren die Kosten, die Ihnen diese Regelungen verursachten?		
____________	DEM	□ KEINE ANGABE (9)

A.3.7.a) War die **Zahlung von Überbrückungsgeld durch das Arbeitsamt** ein relevanter Bereich für Sie?

Ja (1) □	Nein (0) (→FRAGE A.4.1.) □	KEINE ANGABE (9) (→FRAGE A.4.1.) □
b) Traten in diesem Zusammenhang Probleme auf?		
Ja (1) □	Nein (0) (→FRAGE A.4.1.) □	KEINE ANGABE (9) (→FRAGE A.4.1.) □
c) Um welche Probleme handelte es sich konkret?		

A.4.1.a) Nun unsere letzte Rubrik, die Regelungen im Bereich der **Marktaufsicht**. Mußten Sie Regelungen beachten, die sich aus dem **Rabattgesetz** ergeben?

Ja (1)	Nein (0) (→ FRAGE A.4.2.)	KEINE ANGABE (9) (→ FRAGE A.4.2.)
□	□	□

b) Um welche Regelungen handelte es sich konkret?

c) Wie stark wurden Sie durch die Regelungen behindert?

GAR NICHT (0)	Sehr wenig (1)	Wenig (2)	Mittel (3)	Stark (4)	Sehr Stark (5)	KEINE ANGABE (9)
□	□	□	□	□	□	□

d) Wie hoch waren die Kosten, die Ihnen diese Regelungen verursachten?

__________ DEM □ KEINE ANGABE (9)

A.4.2.a) Mußten Sie Regelungen aus dem Bereich des **Gesetzes gegen unlauteren Wettbewerb** beachten?

Ja (1)	Nein (0) (→ FRAGE A.4.3.)	KEINE ANGABE (9) (→ FRAGE A.4.3.)
□	□	□

b) Um welche Regelungen handelte es sich konkret?

c) Wie stark wurden Sie durch die Regelungen behindert?

GAR NICHT (0)	Sehr wenig (1)	Wenig (2)	Mittel (3)	Stark (4)	Sehr Stark (5)	KEINE ANGABE (9)
□	□	□	□	□	□	□

d) Wie hoch waren die Kosten, die Ihnen diese Regelungen verursachten?

__________ DEM □ KEINE ANGABE (9)

A.4.3.a) Spielten Regelungen, die sich aus dem **Ladenschlußgesetz** ergeben, eine Rolle für Sie?

Ja (1)	Nein (0)	KEINE ANGABE (9)
	(→ FRAGE A.4.4.)	(→ FRAGE A.4.4.)
□	□	□

b) Um welche Regelungen handelte es sich konkret?

c) Wie stark wurden Sie durch die Regelungen behindert?

GAR NICHT (0)	Sehr wenig (1)	Wenig (2)	Mittel (3)	Stark (4)	Sehr Stark (5)	KEINE ANGABE (9)
□	□	□	□	□	□	□

d) Wie hoch waren die Kosten, die Ihnen diese Regelungen verursachten?

__________ DEM □ KEINE ANGABE (9)

A.4.4.a) Mußten Sie Regelungen beachten, die sich aus der **Preisangabenverordnung** ergeben?

Ja (1)	Nein (0)	KEINE ANGABE (9)
	(→ FRAGE A.4.5.)	(→ FRAGE A.4.5.)
□	□	□

b) Um welche Regelungen handelte es sich konkret?

c) Wie stark wurden Sie durch die Regelungen behindert?

GAR NICHT (0)	Sehr wenig (1)	Wenig (2)	Mittel (3)	Stark (4)	Sehr Stark (5)	KEINE ANGABE (9)
□	□	□	□	□	□	□

d) Wie hoch waren die Kosten, die Ihnen diese Regelungen verursachten?

__________ DEM □ KEINE ANGABE (9)

A.4.7.a) Gibt es weitere Regelungen im Bereich der Marktaufsicht, die sie zu beachten hatten?

Ja (1)	Nein (0) (→ FRAGE A.5.)	KEINE ANGABE (9) (→ FRAGE A.5.)
□	□	□

b) Um welche Regelungen handelte es sich konkret?

c) Wie stark wurden Sie durch die Regelungen behindert?

GAR NICHT (0)	Sehr wenig (1)	Wenig (2)	Mittel (3)	Stark (4)	Sehr Stark (5)	KEINE ANGABE (9)
□	□	□	□	□	□	□

d) Wie hoch waren die Kosten, die Ihnen diese Regelungen verursachten?

__________ DEM □ KEINE ANGABE (9)

A.5.a) Gab es außerhalb der von uns genannten Rubriken Regelungen, die für Sie relevant waren?

Ja (1)	Nein (0) (→ BLOCK B)	KEINE ANGABE (9) (→ BLOCK B)
□	□	□

b) Um welche Regelungen handelte es sich konkret?

c) Wie stark wurden Sie durch die Regelungen behindert?

GAR NICHT (0)	Sehr wenig (1)	Wenig (2)	Mittel (3)	Stark (4)	Sehr Stark (5)	KEINE ANGABE (9)
□	□	□	□	□	□	□

d) Wie hoch waren die Kosten, die Ihnen diese Regelungen verursachten?

__________ DEM □ KEINE ANGABE (9)

Hiermit sind die speziellen Fragen zu den einzelnen Regelungen abgeschlossen.

(BLOCK B)

Im Unterschied zu den vorherigen Fragen bezieht sich die folgende Frage nur auf die direkten Kosten und den direkten Zeitaufwand behördlicher Regelungen. Beides betrifft den unmittelbaren Umgang mit Behörden. Direkte Kosten sind Verwaltungsgebühren, Kosten der Fahrten zu Behörden, Büromaterial usw. Der direkte Zeitaufwand umfaßt Fahrtzeiten, Bearbeitungszeiten, Wartezeiten usw. Stellen Sie sich nun einmal vor, es gäbe eine Einrichtung, der sie lediglich sagen müßten, dass Sie beabsichtigen, ein Unternehmen zu gründen, und die dann alle behördlichen Erfordernisse für Sie erledigen würde.

B.1. Wären Sie rückblickend bereit gewesen, **1000 DEM** plus Gebühren für einen solchen Service zu zahlen?

Ja (→ Frage B.2) □	Nein (10) (→ BLOCK C) □	KEINE ANGABE (9) (→FRAGE B.2) □

B.2. Wären Sie bereit gewesen, **20000 DEM** zu zahlen?

Ja (19) (→ BLOCK C) □	Nein (→ Frage B.3) □	KEINE ANGABE (9) (→ BLOCK C) □

B.3. Wären Sie bereit gewesen, **10000 DEM** zu zahlen?

<table>
<tr><td colspan="4">Ja
□
15000 ?</td><td colspan="4">Nein
□
5000 ?</td></tr>
<tr><td colspan="2">Ja
□
17500 ?</td><td colspan="2">Nein
□
12500 ?</td><td colspan="2">Ja
□
7500 ?</td><td colspan="2">Nein
□
2500 ?</td></tr>
<tr><td>Ja
(18)
□</td><td>Nein
(17)
□</td><td>Ja
(16)
□</td><td>Nein
(15)
□</td><td>Ja
(14)
□</td><td>Nein
(13)
□</td><td>Ja
(12)
□</td><td>Nein
(11)
□</td></tr>
</table>

(BLOCK C)

Die räumliche Abgrenzung ihrer Tätigkeit soll in den folgenden Fragen in die drei Bereiche: **Regional**, **Bundesweit** und **International** gegliedert werden. Unter **Regional** soll dabei ein Radius von etwa 50 km um Ihren Firmensitz verstanden werden.

C.1. Liegt der Schwerpunkt Ihrer unternehmerischen Tätigkeit im **regionalen**, im **bundesweiten** oder im **internationalen** Bereich?

Regional (1)	Bundesweit (2)	International (3)
□	□	□

C.2 Welche Intensität hat der Wettbewerb mit Ihren Konkurrenten? Es steht Ihnen zur Beantwortung der Fragen die Skala von 1 „Sehr schwach“ bis 5 „Sehr stark“ zur Verfügung.

GAR NICHT (0)	Sehr schwach (1)	Schwach (2)	Mittel (3)	Stark (4)	Sehr stark (5)	KEINE ANGABE (9)
□	□	□	□	□	□	□

(BLOCK D)

D.1.a) Zählten Sie zu den ersten drei Unternehmen, die Ihr Produkt bzw. Ihre Dienstleistung im **regionalen** Bereich angeboten haben?

Ja (1)	Nein (0) (→ FRAGE D.2)	KEINE ANGABE (9)
□	□	□

D.1.b) Zählten Sie zu den ersten drei Unternehmen, die Ihr Produkt bzw. Ihre Dienstleistung im **bundesweiten** Bereich angeboten haben?

Ja (1)	Nein (0) (→ FRAGE D.2.)	KEINE ANGABE (9)
□	□	□

D.1.c) Zählten Sie zu den ersten drei Unternehmen, die Ihr Produkt bzw. Ihre Dienstleistung im **internationalen** Bereich angeboten haben?

Ja (1)	Nein (0)	KEINE ANGABE (9)
□	□	□

D.2 Die folgende Frage bezieht sich auf das Alter des Marktes, in dem Ihr Produkt bzw. Ihre Dienstleistung anzusiedeln ist. Existiert dieser im **regionalen** Bereich weniger als 3 Jahre, 3 bis 10 Jahre, 11 bis 20 Jahre oder mehr als 20 Jahre?

GAR NICHT (0)	Weniger als 3 Jahre (1)	3 bis 10 Jahre (2)	11 bis 20 Jahre (3)	Mehr als 20 Jahre (4)	KEINE ANGABE (9)
□	□	□	□	□	□

D.3.a) Fielen im Rahmen Ihrer Gründung Regelungen zum Schutz von geistigem, gewerblichem Eigentum (DAS SIND PATENTE, GEBRAUCHSMUSTER, GESCHMACKSMUSTER, KENNZEICHNUNGSRECHTE) oder Urheberrecht an?

Ja (1)	Nein (0) (→ Block E)	KEINE ANGABE (9) (→ Block E)
□	□	□

D.3.b) Um welche Regelung handelte es sich?

____

____

(BLOCK E)

E.1. Mußten Sie gegen Regelungen verstoßen, um Ihr Unternehmen in der von Ihnen beabsichtigten Art und Weise gründen zu können?

Ja (1)	Nein (0) (→ BLOCK F)	KEINE ANGABE (9) (→ BLOCK F)
□	□	□

E.2. Wie stark hätte eine Beachtung dieser Regelungen ihr Gründungsvorhaben behindert?

GAR NICHT (0)	Sehr wenig (1)	Wenig (2)	Mittel (3)	Stark (4)	Sehr stark (5)	KEINE ANGABE (9)
□	□	□	□	□	□	□

(BLOCK F)

Zum Abschluß möchten wir Ihnen noch einige wenige Fragen zu Ihrer Person stellen. **F.1.** Verfügten Sie vor der Gründung über

	Ja (1)	Nein (0)	KEINE ANGABE (9)
a) kaufmännische Kenntnisse	□	□	□
b) Branchenkenntnisse	□	□	□
c) unternehmerische Erfahrung	□	□	□

F.2. Welchen Schulabschluß haben Sie? Geben Sie bitte jeweils den höchsten Abschluß an.

KEIN ABSCHLUSS (0)	□	ABGESCHLOSSENES FACH-HOCHSCHULSTUDIUM (5)	□
VOLKS-, HAUPTSCHUL-ABSCHLUSS (1)	□	ABGESCHLOSSENES UNIVERSITÄTSSTUDIUM (6)	□
MITTLERE REIFE, REALSCHUL-ABSCHLUSS (2)	□	SONSTIGES (7): ______________________	□
FACHABITUR (3)	□		
ABITUR (4)	□	KEINE ANGABE (9)	□

F.3. Welche Berufsausbildung haben Sie?

____

____

(BLOCK G)

G.1. Dürfen wir nochmals auf Sie zukommen, falls sich herausstellt, dass Sie zu dem Personenkreis gehören, der in besonderem Maße von administrativen Regelungen betroffen ist?

Ja (1)	Nein (0)
□	□

Das waren die Fragen von unserer Seite. Haben Sie noch Anmerkungen oder Anregungen für uns?

____

____

____

____

Vielen Dank für Ihre Hilfe. Wir werden Sie über die Ergebnisse unseres Forschungsprojektes informieren. Auf Wiederhören.

BEMERKUNGEN DES INTERVIEWERS:

____

____

____

____

____

ZUSATZBLATT BLOCK A

Frage A.1.1.a): NACH DER FRAGESTELLUNG
ERLÄUTERUNG: Unter „relevant" verstehen wir hierbei die Tatsache, dass Sie **überhaupt** mit diesen Regelungen in Kontakt kamen. Dies kann in üblichem Maße oder aber auch außergewöhnlich stark gewesen sein.

BEI DER ERSTMALIGEN BEHANDLUNG EINES RELEVANTEN BEREICHES MÜSSEN FOLGENDE TEXTE IN DAS ALLGEMEINE SCHEMA EINGEFÜGT WERDEN:

Frage c): VOR DER FRAGESTELLUNG
ERLÄUTERUNG: Bei der folgenden Frage können Sie auf einer Skala von 1 bis 5 auswählen: 1 bedeutet „Sehr wenig", 2 „Wenig", die 3 steht für die mittlere Position, 4 für die Einschätzung „Stark" und 5 für „Sehr stark". Die Frage lautet:

Frage d) VOR DER FRAGE NACH DEN **direkten Kosten und dem direkten Zeitaufwand:**
ERLÄUTERUNG:
Unter den **direkten Kosten** und dem **direkten Zeitaufwand** verstehen wir Geld und Zeit, die bei Ihnen direkt bei der Abwicklung der behördlichen Regelung angefallen sind. Beispiele für direkte Kosten sind: Gebühren, Fahrtkosten, Büromaterial, anteilige Lohnkosten oder Servicekosten (wenn Stellvertreter die Tätigkeit durchführen) usw. Beispiele für direkten Zeitaufwand sind: Fahrtzeiten, Bearbeitungszeiten, Wartezeiten bei der Behörde usw.
Unter den **Folgekosten** einer Regelung sollen die Kosten verstanden werden, die zur Einhaltung der Regelung notwendig waren. Hierunter fallen z.B. Investitionen, die wegen einer behördlichen Regelung getätigt werden mussten, oder auch Instandhaltungskosten.
(Es ist uns klar, dass diese Zahlen nicht auf den Pfennig bzw. die Minute genau von Ihnen zu nennen sind. Versuchen Sie jedoch, eine möglichst exakte Schätzung der gesamten Aufwendungen abzugeben.)

ANHANG (FALLSCHILDERUNGEN)

Anmerkung: Es wurden nur die wichtigsten der insgesamt 66 näher dokumentierten Fälle aufgeführt.

Bereich (Kenn.-Nr.)	**Lfd.-Nr. (Fall Nr.)**	**Fallschilderung**	**Beurteilung**
Feuerschutz (A11)	1 (5)	Gründer teilte sich einen Lagerraum mit einem anderen Geschäft, der Raum wurde durch eine Mauer geteilt (vom Bauamt genehmigt). Das Problem bestand darin, dass sich die Gutachter des Bauamtes und des Gewerbeaufsichtsamtes nicht darüber einigen konnten, wie breit die Tür sein sollte (Verzögerung des Verfahrens).	Koordination der Behörden kann nicht vom Gründer verlangt werden. Zeitlicher Verlust wurde durch mangelnde Abstimmungsleistung der Behörde verursacht.
Feuerschutz (A11)	2 (65)	Normale Anforderungen des Bauamtes zum Feuerschutz sind in Brandenburg wesentlich umfangreicher als im Nachbarland Sachsen.	Gravierende Unterschiede zwischen zwei Bundesländern (Brandenburg/ Sachsen) siehe „heterogene Behördenleistungen“ (Abschnitt 2.4)
Feuerschutz (A11)	3 (76)	Umbau eines Altbaus (altes Schloss) zum Hotel: Vor Umbaubeginn wurden bei Behörden Informationen eingeholt, welche Auflagen zu beachten sind (um dies in die Finanzierung mit einzubeziehen). Auflagen waren zunächst gering. Nach Fertigstellung erfolgte Abnahme durch die Feuerwehr. Später kam Behörde des Landkreises und verlangte, die Flure mit F90 Platten auszulegen. Nach Ansicht des Gründers in der Sache richtig, warum erfolgte Information jedoch erst nach Fertigstellung?	Erteilt eine Behörde einmal eine Genehmigung sollte eine gewisse Bestandssicherung vorhanden sein. Oder aber es sind sofort sämtliche relevanten Behörden (von der behördlichen Seite) einzuschalten, so dass widersprüchliche Anordnungen minimiert werden. Allerdings sollten diese Behörden effizient arbeiten und kooperieren (siehe Lfd.-Nr. 1)

Feuerschutz (A11)	4 (103)	Alte Gaststätte wurde abgerissen, um ein neues Hotel zu bauen. Nach Abriss wurde ein neues Waldgesetz erlassen, dass einen Abstand von 150m von Gebäuden zum Wald (wegen Brandgefahr) vorsieht. Alte Gaststätte lag vorher direkt am Wald. 5 Monate Verzögerung bis zur Baugenehmigung direkt am Wald mit der Auflage, eine Sprinkleranlage einzubauen. Alte Gaststätte hatte Kohleheizung (hohe Bandgefahr) und keine Sprinkleranlage.	Sicherlich kann durch eine Brandgefahr ein erheblicher Schaden entstehen. Aus ökonomischer Sicht stellt sich die Frage, warum dies durch Auflagen und nicht durch eine Haftungsregelung (ggf. Pflichtversicherung) geregelt werden könnte. Vorsorgemaßnahmen würden sich zwischen Versicherung und Gründer einstellen (dezentrale Lösung mit hohem Grad individueller Abstimmungsmöglichkeiten).
Feuerschutz (A11)	5 (134)	Grundstück der Eltern wurde in zwei Grundstücke aufgeteilt, Grundstück der Eltern und Geschäftsgrundstück. Zu diesem Zweck sollte an das Haus der Eltern ein Anbau gebaut werden. Baugenehmigung (vom Bauamt) wurde erteilt. Nach Fertigstellung musste Brandschutzmauer gebaut werden (Landratsamt). Wäre das Grundstück zuvor nicht geteilt worden, wäre eine Brandschutzmauer nicht nötig gewesen.	(siehe Lfd.-Nr. 3)
Feuerschutz (A11)	6 (165)	Gründer verarbeitete Baumwollfasern für den Schallschutz, diese sind leicht brennbar. Behörde sagte, dass die Halle nicht für diese Brandlast zugelassen ist, weil Feuerwehr Bedenken hatte, einen Brand dieser Sorte löschen zu können. Feuerwehr machte nach langen Verzögerungen den konstruktiven Vorschlag, das Material an unterschiedlichen Punkten zu lagern.	Keine ökonomische Einschätzung. Angesichts der leichten Lösung am Ende des Abstimmungsprozesses sind die Verzögerungen allerdings nicht nachvollziehbar.
Feuerschutz (A11)	7 (274)	Denkmalgeschütztes Haus. Beim Umbau mussten nicht nur Feuerschutzvorschriften beachtet werden, sondern auch die Denkmalschutzvorschriften. Fluchtwege sollten geschaffen werden, es durften aber keine Wände eingerissen werden.	Widersprüchliche Vorschriften zweier Behörden. (siehe Lfd.-Nr. 3) Gemeinsames Auftreten über eine ***One-Stop-Agency*** könnte Konflikte minimieren.

Umwelt-schutzgesetz (A12)	8 (83)	Gründer kaufte Haus mit eigener Kläranlage. Baufirma und Vorbesitzer waren der Meinung, dass das Fassungsvermögen für die Betreibung einer Pension ausreichen würde, da 1 1/2 Jahre später sowieso der Anschluss an das städt. Abwasser-system erfolgen sollte. Trotzdem bestand die Behörde zunächst auf den Neubau einer Kläranlage. Nach langem hin und her kam es dann zu einem Kompromiss, der viel Geld kostete.	1½ Jahre bis zum Anschluss an den öffentlichen Kanal rechtfertigen nicht eine solche Vorgehensweise der Behörde. Es ist nicht zu verstehen, warum ein solcher Kompromiss nicht viel flexibler und schneller zustande kommt. Typisches Beispiel für nicht genutzte Ermessensspielräume.
Umwelt-schutzgesetz (A12)	9 (143)	Sind an ein Entsorgungssystem angeschlossen welches bundesweit agiert, um die Kosten im Rahmen zu halten. Alle umweltbelastenden Mittel müssen einzeln aufgeführt werden, ist mit erheblichem Zeitaufwand verbunden.	Sachliche und ökonomische Beurteilung schwierig. Scheint aus Rationalisierungsgründen sinnvoll zu sein.
Umwelt-schutzgesetz (A12)	10 (195)	Bauplatz im Landschaftsschutzgebiet. Baugenehmigung wurde zunächst nicht erteilt, eine Ausnahmegenehmigung dann aber nach 3½ Jahre doch noch gegeben. Diese war dann aber mit vielen Auflagen verbunden.	Ökonomische und sachliche Einschätzung nur schwer möglich. Allerdings bestehen bei den bautechnischen und bauästhetischen Anforderungen häufig Ermessensspielräume, die unverständlich sind. Paternalistische Vorstellungen davon, was schützenswürdig und ästhetisch ist oder wie der ländliche Raum auszusehen hat, sind die Konsequenz. Problematisch ist die Genehmigungsdauer von 3½ Jahren.
Arbeitsstätten-verord-nung/sonstige Gewerbeauf-sicht (A13/A19)	11 (11)	Bauantrag wurde gestellt, da die Fassade, einige Fenster und ein Tor geändert werden sollten. Nach der Betriebsbegehung durch die Behörde gab es eine lange Liste mit Mängeln. So wurde etwa der Einbau einer Dusche verlangt, obwohl eine schriftliche Bestätigung der Mitarbeiter vorlag, dass diese nicht im Betrieb duschen wollten. Zur Prüfung der Hydraulik musste die Behörde mehrfach herauskommen, da sie nie das richtige Werkzeug mit hatten. Verzögerung von 1 Jahr.	Es sollte grundsätzlich geklärt werden, warum der Eingriff in die Gestaltung des Arbeitsplatzes diese Ausmaße annehmen muss. Die Vorstellung von dem opportunistischen Arbeitgeber, der sich nicht um das Wohlbefinden der Arbeitnehmer kümmert, wird häufig überpointiert (siehe Abschnitt 2.3.4). Zumindest ließen sich die Anfangsinvestitionen senken, wenn eine Genehmigung unter Vorbehalt erteilt wird, dass die Auflagen erst nach Ablauf einer Karenzzeit erfüllt werden müssen.

Arbeitsstätten-verordnung (A13)	12 (139)	Gründer musste Fenster in einer Halle tiefer setzen, damit die Arbeiter hinausgucken können.	Ähnlich gelagert wie Lfd.-Nr. 11.
Arbeitsstätten-verordnung (A13)	13 (228)	Hat das Geschäftsgebäude seiner Eltern zur Praxis umgebaut, musste Fenster, die in einer Höhe von 120 cm waren, auf 90 cm versetzen.	Ökonomisch nicht nachvollziehbar. Gespräche mit Behörden brachten keine Lösung. Würden dadurch Kunden oder Angestellte benachteiligt, wären die Konsequenzen vom Unternehmer zu tragen.
Arbeitsstätten-verordnung (A13)	14 (276)	Gründer ist verpflichtet, den arbeitsmedizinischen Dienst, die arbeitstechnische Überwachung und die berufsgenossenschaftliche Absicherung mit der Überwachung seiner medizinischen Praxis zu beauftragen. Hierdurch entstehen hohe Kosten.	Ökonomisch schwer einzuschätzen. Es stellt sich aber die Frage, inwieweit auch hier haftungsrechtliche Regelungen nicht Auflagen und Kontrolle durch den Staat zum Teil ersetzen können (siehe Abschnitt 2.3.1). Allerdings ist aus ökonomischer Sicht auch nicht einzusehen, warum der Markt für Freiberufler so stark vom Wettbewerb ausgeschlossen werden muss, wie das in Deutschland der Fall ist (siehe Abschnitt 2.3.3 und 2.5.2).
Bauverord-nung (A14)	15 (2)	Dem Gründer wurde auferlegt, einen bestimmten Zaun in einer bestimmten Farbe und eine Hecke aufzustellen, da die Gemeinde ein einheitliches Bild wollte. Dies verursachte hohe Kosten.	Staat versucht negative Externe Effekte zu vermeiden (siehe Abschnitt 2.3.1). Allerdings bestehen bei den bautechnischen und bauästhetischen Anforderungen häufig Ermessensspielräume, die unverständlich sind. Paternalistische Vorstellungen davon, was ästhetisch ist, sind die Konsequenz. Ähnlich gelagert wie Lfd.-Nr. 10.
Bauverord-nung (A14)	16 (36)	Gründer wollte Praxis in einem Mischgebiet bauen. Der Bebauungsplan war noch nicht fertig, sollte aber bis Mitte des Jahres fertig sein. Gründer legte seine Kredite auf diesen Zeitpunkt aus. Verzögerung bis in den Winter (Anfallen von Kreditbereitstellungskosten). Dann bei Baubeginn nicht Gesamtprüfung wie üblich, sondern es wurde nach und nach geprüft, was das ganze Projekt weiter verzögerte.	Ineffizientes Vorgehen der Behörde. Zur Herstellung von Planungssicherheit sollte eine Behörde ähnliche Terminverantwortung haben, wie das von der Privatwirtschaft verlangt wird.

Bauverordnung (A14/A17)	17 (43)	Bauantrag zum Bau einer Pension wurde abgelehnt, mit der Begründung, dass das Haus zu groß sei. Am Ort gab es aber durchaus noch größere Pensionen. Unter Nachdruck wurde dann doch Genehmigung erteilt, diese aber angeblich aufgrund von Sicherheitsbedenken der Feuerwehr wieder zurückgezogen. Auf Anfrage hatte die Feuerwehr aber keine Bedenken, so dass mit dem Bau begonnen wurde. Nach Fertigstellung wurde der Bau aber nicht abgenommen. Es kam zu weiteren Verzögerungen, die dem Gründer rein willkürlich erschienen.	(siehe Lfd.-Nr. 3)
Bauverordnung (A14)	18 (56)	Neues Haus in einem Wohngebiet wurde gebaut. Im Untergeschoss sollte eine Werkstatt zur Endmontage eingerichtet werden, die keinen Lärm macht. Da es sich um eine gewerbliche Nutzung in einem Wohngebiet handelt, musste die Genehmigung nicht von der Gemeinde, sondern vom Landratsamt erteilt werden. Genehmigung war wesentlich teurer als bei der Gemeinde. Zusätzlich musste noch ein Stellplatz geschafft werden. Weitere Kosten, weiterer Antrag.	Ökonomisch schwer einzuschätzen. Prüfung seitens der Behörde könnte durchaus sinnvoll sein. Warum allerdings die Gemeindebehörde nicht ausreicht, ist nicht nachzuvollziehen.
Bauverordnung (A14)	19 (139)	Altes Bundeswehrgebäude wurde angemietet und hauptsächlich als Büro und Lager genutzt. Obwohl das Gebäude nicht umgebaut wurde, musste eine Baugenehmigung für Zivilgebäude erteilt werden. In diesem Rahmen mussten dann alle Auflagen einer Baugenehmigung erfüllt werden (Statikberechnung, Parkplatznachweis, größere Fenster etc.).	Indifferente Einschätzung. Hier wäre eine sehr detailliertere Einzelfallprüfung notwendig, die an dieser Stelle nicht erbracht werden kann.
Bauverordnung (A14/A17)	20 (140)	Zahnarztpraxis wurde betrieben, obwohl keine Genehmigung seitens des Bauamtes/Gewerbeaufsichtsamtes vorlag. Der Grund dafür war der, dass die Praxis bis zum Stichtag der Ärztekammer eröffnet werden musste. Genehmigung war nicht erteilt worden, da Raumhöhe 2.44m betrug und nicht 2.45m. Sondergenehmigung wurde eingeholt.	Aus ökonomischer Sicht machen solche Regelungen keinen Sinn. Wenn es zur Beeinträchtigung des Publikumsverkehrs kommt, dann hat der Arzt weniger Umsatz und schadet sich dadurch. Außerdem sollten Abweichungen in dieser geringen Höhe durchaus im Ermessensspielraum einer Behörde liegen.

Bauverordnung (A14/A17)	21 (153)	Wollte vorhandenes Ladenlokal um 15qm vergrößern, der Antrag brauchte bis zur Genehmigung 5 Monate, da für die Erweiterung die Stadt-, die Kreis- und die Bezirksverwaltung befragt werden mussten. Der Grund für die Verzögerungen lag vor allem darin, dass die zuständigen Sachbearbeiter krank oder in Urlaub waren.	Unakzeptable Dauer des Verfahrens. Außerdem bleibt unverständlich, warum so viele Behörden am Genehmigungsprozess beteiligt sind.
Bauverordnung (A14)	22 (201)	Sachbearbeiter wollte Gebäude nicht genehmigen da er es optisch nicht schön fand.	(siehe Lfd.-Nr. 16)
Bauverordnung (A14/A17)	23 (208)	Gründer wollte ein denkmalgeschütztes Gebäude umbauen, da es als Maschinenraum genutzt werden sollte. Genehmigung wurde erst nach einem Jahr erteilt, nachdem die Behörde einsah, dass die Existenz des Betriebs gefährdet war. Auflage war allerdings, dass Lehrlinge eingestellt werden sollten.	Interessenkonflikt: Bestandssichrung/Denkmalschutz oder dynamische wirtschaftliche Entwicklung. In einer Wettbewerbsgesellschaft schwer haltbar (siehe Abschnitt 2.4, siehe auch meritorische Güter in Abschnitt 2.3.5). Zudem sollten Genehmigungen nicht an Personalentscheidungen geknüpft werden (unternehmerische Freiheit).
Bauverordnung (A14)	24 (218)	Objekt steht in einem Wohngebiet. Gründer wollte Nutzungsänderung von einer Gaststätte zur Praxis. Normale Dauer des Antragsverfahrens ist 4 Wochen. Hier dauerte es über ein halbes Jahr. Eröffnung ohne Genehmigung, Androhung eines Bußgeldes.	Zu lange Dauer. Genehmigung unter Vorbehalt, nach weniger detaillierterer Kurzprüfung würde bei überlasteten Behörden zu geringen zeitlichen Verzögerungen führen (siehe auch Lfd.-Nr. 11).
Bauverordnung (A14)	25 (247)	Stellt Bauantrag in einem Naturschutzgebiet. Bearbeitungszeit der Behörde betrug 4 Jahre. Über einen Abgeordneten des Landtages gelang eine Beschleunigung, die Verzögerung war dennoch sehr groß.	Zu lange Dauer. Genehmigung unter Vorbehalt, nach weniger detaillierterer Kurzprüfung würde bei überlasteten Behörden zu geringen zeitlichen Verzögerungen führen (siehe auch Lfd.-Nr. 11).

Bauverordnung (A14)	26 (249)	Antrag auf Nutzungsänderung eines Objektes, das zuvor zum Abriss freigegeben worden war und danach renoviert worden ist. Durfte keine Werbung nach eigenen Plänen anbringen, nur nach Vorgaben der Behörden.	Ökonomisch schwer zu verstehen, warum Angaben bezüglich der Größe und Art von Werbetransparenten seitens der Behörde gemacht werden. Erscheint als zu weit greifende Regulierungsdichte. Behörden gaben als Grund die Sicherstellung eines harmonischen Straßenbildes an. Es ist aber fraglich, welchem Interesse mehr Gewicht verliehen wird, dem unternehmerischen Interesse, aus dem ja auch positive Effekte für die Gemeinschaft hervorgehen, oder aber einem ästhetischem Interesse, dass den Charakter eines öffentlichen Gutes hat (siehe Abschnitt 2.3.1).
Stellplatzverordnung (A15)	27 (57)	Musste Stellplätze begrünen, obwohl das Unternehmen in einem grünen Außenbezirk liegt. Außerdem hatte der Gründer das Grundstück gegenüber seinem Betrieb freiwillig bepflanzt.	Allgemeine Einschätzung von Stellplatzverordnungen: Anwohner haben Parkprobleme (neg. Externe Effekte). Negative Externe Effekte entstehen aber auch dadurch, dass mit mehr Stellplätzen mehr Individualverkehr zum Ort gelockt wird, was ebenfalls zu einer weiteren Belastung der Anwohner durch Autos führt. Durch den Zwang zur Bereitstellung von Parkplätzen werden Externe Effekte verursachergerecht internalisiert, da die Kosten in den Produktpreis eingehen. Eine andere Lösung wären beispielsweise Anwohnerparkplätze. In den Außenbezirken sollten Unternehmen daran interessiert sein, Parkflächen zur Verfügung zu stellen, um die Kunden zur Fahrt zu animieren. Die Begrünungsverordnung scheint in der Tat jedoch inflexibel zu sein.

Stellplatzverordnung (A15)	28 (272)	Lokal existiert seit 4 Jahren. Die Kundschaft nahm zu. Nachdem sich Nachbarn beschwert hatten, mussten 19 Stellplätze aus Asphalt geschafft werden, damit die Stellplätze eingezeichnet werden konnten. Dabei wären auf dem Grundstück noch ca. 30 unbefestigte Stellplätze (Schotter) zusätzlich vorhanden gewesen.	Macht aus ökonomischer und sachlicher Sicht keinen Sinn. Wenn Kunden Nachteile aus einem unbefestigten Parkplatz hätten, so hätte allenfalls der Gründer selber eventuell negative Konsequenzen tragen müssen.
Schulungsmaßnahmen (A18)	29 (222)	Zur Eröffnung seines Restaurants musste er das "Frikadellen Abitur" machen. Empfand es als reine Schikane, da nur Dinge gelehrt wurden, die jede normale Hausfrau kennt.	Wurde im Behördengespräch anders dargestellt. Es sollen eben nur Mindestkenntnisse abgefragt werden.
Schulungsmaßnahmen (A18)	30 (228)	Gründer hat 11 Jahre in einem Krankenhaus praktiziert, musste aber, um sich als Arzt niederlassen zu können, ½ Jahr in einer niedergelassenen Praxis arbeiten. Entlohnung war extrem gering, danach musste noch eine Prüfung abgelegt werden, die reine Schikane war.	Ökonomischer Sinn ist nicht zu erkennen, Einwände völlig korrekt. Hier handelt es sich aber um ein typisches sekundäres administratives Hindernis, da es eher der Berufsverband ist, der hier *Marktzutrittsbeschränkungen* aufbaut (siehe die Abschnitte 2.3.3 und 2.5.2).
sonstige Gewerbeaufsicht (A19)	31 (15)	Wollte Werbeschild vor dem Laden aufstellen und musste dafür eine Genehmigung beim Straßen- und Tiefbauamt beantragen. Dabei musste genauer Lageplan der Schilder angegeben werden. Der Austausch des Werbeschildes gegen einen Fahrradständer musste erneut genehmigt werden.	Erscheint auch nach Rücksprache mit Behörden ein unverständlich hoher Genehmigungsaufwand.
sonstige Gewerbeaufsicht (A19)	32 (96)	Gründer übernahm den Betrieb seines Vaters. Nach Umbau mussten so viele Fliegengitter eingebaut werden, dass kein Fenster mehr geöffnet werden konnte. Fliegen können aber auch durch die Tür kommen. Während des Umbaus durften 3-fach eingepackte Säcke (vakuumverpackt)mit Lebensmitteln nicht in der Garage gelagert werden. Bauantrag dauerte ¾ Jahr, eine Strafe wurde erteilt.	Allgemein besteht auch aus ökonomischer Sicht bei Lebensmitteln und Hygiene ein großes Risiko, Marktversagen könnte vorliegen (siehe Abschnitt 2.3.3 und 2.3.4). Im vorliegenden Fall erscheint der Eingriff auch nach Rücksprache mit Behörden aber zu weitgehend und inflexibel. Siehe auch die Ausführungen zu *meritorischen Gütern* im Abschnitt 2.3.5.

Arbeitszeit-verordnung (A34)	33 (71)	Wollte Tante-Emma-Laden auch Sa. und So. öffnen. Keine Genehmigung. Gründer sollte stattdessen Trinkhallengenehmigung beantragen. Dann wäre aber keine Selbstbedienung mehr erlaubt gewesen. Dazu hätte das Geschäft umgebaut werden müssen, was nicht ging, da das Haus unter Denkmalschutz stand. Letztendlich erfolgte Sondergenehmigung.	Ökonomisch unsinnige Regelungen, die aufgrund überholter Arbeits- und Öffnungszeitverordnungen zustande kommen. Der liberalere Umgang in anderen Ländern zeigt, dass soziale Bedenken meist unbegründet sind, sich das Angebot jedoch für die Konsumenten verbessert.
Arbeitszeit-verordnung (A34)	34 (35)	Tankstelle ist 24h geöffnet. Auszubildende dürfen aber nur in der Zeit von 6-22h arbeiten. Für den Rest der Zeit musste jemand anderes eingestellt werden.	Zumindest ab einem bestimmten Lebensalter (z.B. 16 Jahre) sollte dem Auszubildenden die Wahl gelassen werden.
Arbeitszeit-verordnung (A34)	35 (237)	Pausenzeiten müssen eingehalten werden. Würde das erfolgen, so müssten zusätzliche OP-Schwester und weiterer Arzt eingestellt werden.	Eine flexiblere Pausenregelung könnte Abhilfe schaffen (siehe auch Lfd.-Nr. 11)
Unfallverhütungs-vorschriften (A40)	36 (40)	Durch Änderung der Unfallverhütungsvorschriften müssen auch in kleinen und mittleren Betrieben Betriebsärzte bestellt werden. Fluchtwege mussten dem kürzesten berechneten Weg entsprechen, dadurch kann das Lager nur halb genutzt werden. Gabelstapler musste mit Rückfahrschutz ausgerüstet werden. Hohe Kosten.	Siehe Lfd.-Nr. 11
Unfallverhütungs-vorschriften (A40)	37 (273)	Sehr viele Bestimmungen für den Gartenbau. Arbeiten in Schutzkleidung, kostet viel Geld.	Siehe Lfd.-Nr. 11. Zudem könnte eine Verschärfung des Haftungsrechts eventuell flexiblere Lösungen herbeiführen. Mindestmaß an Arbeitsschutz muss allerdings gesetzlich geregelt werden
Einstellung von Beschäftigten (A36)	38 (62)	Wollte Langzeitarbeitslosen unter Lohnbezuschussung des Arbeitsamtes einstellen. Wurde vom Arbeitsamt aber nicht richtig informiert (siehe Abschnitt 3.2.3.1)	Problem Langzeitarbeitslose und Existenzgründung sollten getrennt voneinander behandelt werden (siehe Abschnitt 3.2.3.1).

Einstellung von Beschäftigten (A36)	39 (91)	Konnte durch Lage im Grenzgebiet ausländische Bauarbeiter beschäftigen, was Teil der Unternehmensstrategie war. Durch Änderung einer Regelung war das nicht mehr möglich, es wurden stattdessen Arbeitslose zugeteilt, die schlechte Arbeit machten. Sondergenehmigung ungewiss.	Rechtssicherheit und Bestandsschutz. Keine Verquickung von Arbeitsmarktzielen und behördlichen Auflagen.
Einstellung von Beschäftigten (A36)	40 (273)	Brauchte Arbeiter für Gartenarbeit. Bekam vom Arbeitsamt ca. 10 Leute geschickt, die entweder gar nicht oder nur für ein paar Tage zur Arbeit erschienen. Daraufhin sollten Personen aus laufenden Asylverfahren eingestellt werden, die laut Liste im Gartenbau arbeiten dürften. Einstellung wurde mit dem Hinweis verboten, dass es ja genügend Deutsche gäbe.	Siehe zweiten Teil der Begründung in der Lfd.-Nr. 39
Einstellung von Beschäftigten (A36)	41 (327)	Stellte Langzeitarbeitslose ein. Durch die Zusage eines Zuschusses seitens des Arbeitsamtes sogar mit höherer Stundenzahl als zunächst geplant. Der Zuschuss wurde nicht gezahlt, da das Arbeitsamt den Sachverhalt falsch dargestellt hatte.	(siehe Lfd.-Nr. 38)
Rabattgesetz (A41)	42 (192)	Gab bestimmten Personengruppen 10 % Rabatt auf Schreibwaren (Studenten), laut Gesetz sind aber nur 3 % erlaubt. Androhung eines Bußgeldes.	Eingriffe in den Preisgestaltungsspielraum der Unternehmen oft unverständlich. Stellen häufig Marktzutrittsbarriere dar (sieh auch Abschnitt 2.3.4)
unlauterer Wettbewerb (A41)	43 (271)	Wurde bei Werbemaßnahme von einer privaten Vereinigung zum Schutz gegen unlauteren Wettbewerb angemahnt. 300 DEM Bearbeitungsgebühr wurden in Rechnung gestellt.	Marktregulierungen dieser Art haben meistens lediglich den Charakter von Marktzutrittsbarrieren (siehe auch Abschnitt 2.3.4 und 2.5.2)
unlauterer Wettbewerb (A42)	44 (62)	Zur Eröffnung eines weiteren Büros wurden Handzettel verteilt. Über einstweilige Verfügung wurde das verboten. Bei einer Zeitungsanzeige wurden Tätigkeitspunkte angegeben, es hätten aber nur 3 sein dürfen. Hohe Prozesskosten.	(siehe Lfd.-Nr. 43)

unlauterer Wettbewerb (A42)	45 (67)	Gründerin hat einen Hol- und Bringservice, der kostenlos ist. Die Worte kostenlos und gratis dürfen in der Werbung aber nicht verwendet werden.	(siehe Lfd.-Nr. 43)
unlauterer Wettbewerb (A42)	46 (307)	Werbeverbot für Ärzte	(siehe Lfd.-Nr. 43)
Preisabgaben-verordnung (A44)	47 (96)	Auf jede Tüte Plätzchen muss ein Etikett, es reicht nicht, diese bei Bedarf auszuwiegen.	Unverständliche Regelung.
sonstige Markaufsicht (A45)	48 (107)	Hat die Fensterscheiben eines Imbisses mit Werbung beklebt. Diese musste entfernt werden. Ein Schild durfte hingegen direkt hinter der Scheibe aufgestellt werden.	Ist auch nach Rücksprache mit den Behörden nicht nachvollziehbar.

Carsten Müller

Existenzgründungshilfen als Instrument der Struktur- und Beschäftigungspolitik

Frankfurt/M., Berlin, Bern, Bruxelles, New York, Oxford, Wien, 2002.
XII, 291 S., zahlr. Abb. und Tab.
Sozialökonomische Schriften. Herausgegeben von Bert Rürup. Bd. 22
ISBN 3-631-39634-1 · br. € 45.50*

Seit Großunternehmen unter den Bedingungen sinkender Wachstumsraten und global erhöhter Renditeforderungen verstärkt Arbeitsplätze abbauen, avancieren Existenzgründungen und ihre Förderung auch in Deutschland zum Hoffnungsträger der Struktur- und Beschäftigungspolitik. Im Buch wird die zentrale Hypothese überprüft, dass die Existenzgründungsförderung in ihrer derzeitigen Ausgestaltung erstens nicht nachhaltig zu mehr Beschäftigung beiträgt und sie zweitens den wirtschaftlichen Strukturwandel bremst. Für den Fördereffekt von Existenzgründungshilfen ist neben der Mikroebene vor allem auch die Makroebene relevant. Dem langfristig positiven Beschäftigungseffekt in den geförderten Gründungen stehen Verdrängungseffekte bei anderen Unternehmen gegenüber.

Aus dem Inhalt: Ansatzpunkte und Ziele staatlicher Existenzgründungsförderung · Programmnorm und Programmwirklichkeit · Existenzgründungshilfen aus beschäftigungspolitischer Sicht · Existenzgründungshilfen aus strukturpolitischer Sicht · Handlungsoptionen und Ausblick

Kolibri 360 GmbH
Ferdinand-Jühlke-Straße 7
99095 Erfurt, Deutschland
produktsicherheit@kolibri360.de

Druck:
CPI Druckdienstleistungen GmbH
im Auftrag der
Kolibri 360 GmbH
Ferdinand-Jühlke-Str. 7
99095 Erfurt